Reinhard Freiher

Nutzungsrecht an U
und Unternehmensl

Nutzungsrecht an Unternehmen und Unternehmensbeteiligungen

Von

Reinhard Freiherr von Godin

Rechtsanwalt beim
Bayerischen Obersten Landesgericht
München

1949

WALTER DE GRUYTER & CO., BERLIN

Archiv-Nr. 24 05 49

Druck von Dr. F. P. Datterer & Cie., Freising

Überblick

I. Nießbrauch.

Literatur: A. Im allgemeinen: Binder, Die Rechtsstellung des Erben Bd. I S. 31ff.; derselbe, Erbrecht Bd. II S. 3; Ihering, 59 S. 29; Gierke, HR. (5. Aufl. S. 95ff.; neuerdings insbes. ZGHR. 1946 Bd. 111 S. 1ff.; Wieland, HR. Bd. I S. 229ff.; Müller-Erzbach, Deutsches HR. (2. und 3. Aufl.) S. 74f.; derselbe, ZHR. 61 S. 356, 64 S. 530ff. und 71 S. 417ff.; Heymann, HR. 1938 S. 35; R. Reichardt, Handel u. Gew. (Grundriß d. d. R. herausg. v. Stoll u. Lange, I. L. Mohr 1938); derselbe, Das Persönlichkeitsrecht in der geltenden Rechtsordnung; Baumbach, UWG. IV 5, VIII 1, 3 und Übersicht vor § 17 HGB.; Würdiger, Grundfragen zur Reform der Einzelunternehmung und der Personalgesellschaften (NS. Handb. f. Recht u. Gesetzgbg. S. 1105); Passow, Betrieb, Unternehmung, Konzern; Jacobi, Betrieb u. Unternehmen als Rechtsbegriff; Piesko, Das Unternehmen als Gegenstand des Rechtsverkehrs (Ehrenberg, Handb. Bd. II S. 195); Rud. Isay, Das Recht am Unternehmen 1910; Grave, Das kaufmännische Unternehmen (Diss. 1905); Herzfeld, Das absolute Recht am Gewerbebetrieb (Diss. 1905); Reiche, Das Recht am Unternehmen (Diss. 1920); Reichenstein, Der Rechtsschutz des Unternehmens (Diss. 1931); Schlesinger, Der Wert des geschlossenen Unternehmers und sein Schutz (Diss. 1933); Ohmeyer, Das Unternehmen als Rechtsobjekt 1906; Martin Wolff, Über einige Grundbegriffe des Handelsrechts (Berliner Festschr. f. Otto von Gierke); Hans Oppikofer, Das Unternehmerrecht 1927; derselbe, Über den Einfluß der Unternehmensordnung auf den Fortbestand von Schuldverhältnissen (Leipziger rechtswissenschaftl. Studien Heft 100); Herbert Meyer, Zeitschr. d. Savignystiftung Bd. 40 Germ.Abt. S. 540ff.); Fehr, Zeitschr. f. Schweizer Recht 1928 S. 2; Hueck, Unkörperliche Geschäftswerte (Münster 1912); derselbe, Das Recht der offenen Handelsgesellschaft (1946, S. 168f.); Gieseke, Die rechtl. Bedeutung des Unternehmens (Festschr. f. Heymann S. 112); Schapira, „Das Unternehmen u. sein Kennzeichen" St. Gallen 1935); K. Eckhardt, ZHR. Bd. 94 S. 1ff.; derselbe, ZBH. 1929 S. 171; Salinger, Gruch. 62 S. 298; Regelsberger, ZHR. Bd. 14 S. 1ff.; Sohm, ArchBR. Bd. 28 S. 181; Beyerle, ArchZivPr. 1927 S. 371; Ruth, ArchZivPr. 1928 S. 106ff.; Jessen, ZGHR. 96 S. 46; Jans, Das Recht am Unternehmen und die Wirtschaftsordnung 1930; W. Schönfeld, Die Reichsgerichtspraxis im d. Rechtsleben II S. 262ff.; Haff, ebenda S. 185ff.; Nipperdey, ebenda Bd. IV S. 203f.; derselbe, Beiträge zum Wirtschaftsrecht, herausgeg. von Klausing, Bd. II S. 44; A. Elster, Handwörterb. d. Rechtsw. unter „Sondervermögen"); Lobe, LZ. 1931 S. 664ff.; Callmann, ZGHR. Bd. 97 S. 129ff.; Nußbaum, Beitr. z. WirtschR. (herausg. v. Klausing) Bd. II S. 492ff.; Fechner, Das wirtschaftliche Unternehmen in der Rechtsordnung ZGHR. Bd. 110 S. 492ff. — B Im Besonderen: Domke, „Die Veräußerung des Handelsgeschäfts" 1922; A. Elster, Handwörterbuch d. Rechtsw. unter „Geschäftsübernahme"; Nußbaum, Das Nießbrauchrecht des BGB.; Jacusiel, Nutzungsrecht am Handelsgeschäft 1906; Geiler, Die Handelsfrau und das ehel. Güterrecht, Allgem. Einl. Anm. 66 zu Düringer-Hachenburg, HGB. Bd. I; Gadow, Anm. 3ff., 45 zu § 22, Anm. 31 zu § 25 HGB.;

Schlegelberger, Anm. 1 zu § 25 HGB.; Lehmann-Ring, HGB. § 25 Anm. 5; Staub-Bondi, Anm. 15—18 zu § 22 HGB., u. Allg. E. Anm. 38ff.; Düringer-Hachenburg-Hoeniger, Anm. 32—41 zu § 25 HGB.; Ritter, Anm. 14 zu § 22 HGB.; Planck-Brodmann, Vorbem. 3f. zu § 1085 BGB.; Staudinger-Kober, Anm. 3 u. 7 zu § 1085 BGB., KRR. Anm. 3 zu § 1085 BGB.; Rechtsprechung RGZ. 70 S. 228, 95 S. 237, JW. 1919 S. 680, RGZ. 133 S. 321, 323, 153, S. 29, 167 S. 260, MuW. 34 S. 80, OLG. Dresden LZ. 10 S. 333, BayObLG. JW. 1925 S. 2139, KG. JW. 33 S. 184, 39 S. 163 RAG., HRR. 40 Nr. 669. OGH. Köln NJW. 48, S. 691.

Vermachter Nießbrauch, gesetzliche Nutznießung und Vorerbschaft an einem Handelsgewerbe und an einer Beteiligung an einer Handelsgesellschaft sind häufiger als man denkt. Trotzdem ist das Schrifttum über die damit zusammenhängenden, teilweise sehr verwickelten und sehr schwer zu lösenden Fragen auffallend spärlich und, soweit vorhanden, nicht eingehend. Ich versuche nachstehend ihre eindringliche Behandlung, die nicht den Anspruch erhebt, mehr als der Beginn einer, wie mir scheint, erforderlichen allgemeinen Erörterung, höchstens Erörterungsgrundlage zu sein.

I. Nießbrauch an einem Unternehmen.

A. Allgemeines.

1. Aus § 22 HGB. geht unverkennbar hervor, daß das Gesetz die Vererblichkeit, Möglichkeit und Ausführbarkeit der Veräußerung des Handelsgeschäftes als solchen und seiner Belastung mit einem Nießbrauch voraussetzt und geradezu für selbstverständlich hält. Da die Gesetzesstelle nur firmenrechtlichen Inhalt hat und nicht selbst die Veräußerung des Handelsgeschäftes regelt, halten sich jedoch jene durch sie nicht für widerlegt, welche deren Möglichkeit bestreiten und nur eine Veräußerung der einzelnen Bestandteile des Handelsvermögens und einen Nießbrauch an diesen, einen solchen am Handelsgeschäft aber überhaupt nicht für möglich ansehen. Der Streit hängt aufs engste mit dem Streit über die rechtliche Natur des Unternehmens oder Handelsgeschäftes zusammen. Das Schrifttum darüber ist außerordentlich groß und oben angegeben. Es wird im Rahmen dieser Abhandlung nicht möglich sein, eine Stellung zu jedem für oder gegen die eine oder andere Meinung vorgebrachten Argument zu nehmen. Da sich die nachstehenden Ausführungen hauptsächlich mit dem schuldrechtlichen Verhältnis zwischen Nießbraucher und Nießbrauchsbesteller befassen werden, lockt die Versuchung, überhaupt davon abzusehen, einen eigenen Standpunkt zu wählen und sich mit der Streitfrage zu beschäftigen. Nichtsdestoweniger kann nicht völlig darauf verzichtet werden; denn, wenn der Nießbraucher verpflichtet ist, dem Besteller den Gegenstand des Nießbrauchs nicht wesentlich verändert, nicht verschlechtert usw. zurückzugeben, so kommt es immerhin darauf an festzustellen, was er denn zurückzugeben hat und nicht wesentlich verändern und verschlechtern darf. Ich gebrauche dabei die Ausdrücke „Unternehmen", „Erwerbsgeschäft" und „Handelsgeschäft" als gleichsinnig und werde wohl den letzteren in Anschluß an den Sprachgebrauch des Handelsgesetzbuchs bevorzugen, ohne die beiden anderen, insbesondere den ersten zu vermeiden, der in dem einschlägigen Schrifttum vorzüglich gebraucht wird.

a) Schon die später zu untersuchende rechtliche Verpflichtung des Nießbrauchers gegenüber dem Besteller, das Wesen des Gegenstands des Nießbrauchs nicht zu verändern, den Nießbrauchsgegenstand in seinem wirtschaftlichen Bestande zu erhalten und nicht schuldhaft zu verschlechtern, hat einen wirtschaftlichen Inhalt. Schon dieser Gesichtspunkt würde eine Betrachtung der wirtschaftlichen Natur eines Handelsgeschäftes erforderlich machen, die nachstehend unter einem andern, dem der wirtschaftlichen Einheit, angestellt wird.

Daß wirtschaftlich ein Handelsgeschäft nicht bloß aus dem ihm gewidmeten Handelsvermögen (Sachgütern und Rechten), den ihm gewidmeten Dienstleistungen und der Tätigkeit des Betriebsinhabers besteht, scheint mir unzweifelhaft; auch nicht bloß aus Handelsvermögen, Erträgen und Organisation. Es scheint mir völlig verfehlt, zum Beispiel das Handelsgeschäft einer Kartoffelgroßhandlung mit einem Jahresabsatz von 200000 Zentnern und einem jeweils ganz geringen Lagervorrat nur in dem letzteren und der Tätigkeit des Inhabers, dem Betrieb im subjektiven Sinn, erblicken zu wollen. Es möge doch jemand versuchen, den Vorrat allein an sich zu nehmen und unabhängig von den bisherigen Beziehungen zu Landwirten und Kleinverkäufern und den diese Beziehungen begründenden Umständen, ohne von der Arbeit der Vorgänger Gebrauch zu machen, allein mit eigener Arbeit, mit diesem übernommenen Vorrat, die Kartoffelgroßhandlung zu betreiben, und zusehen, ob er den gleichen Umsatz und das gleiche Ergebnis erreichen wird. In Wahrheit würde er hier ein ganz neues Handelsgeschäft beginnen, das von dem früheren ganz verschieden wäre, die Kinderkrankheiten erst zu überwinden und die Grundlagen nachhaltiger Rentabilität erst zu schaffen hätte, welche jenes durch seine Beziehungen zu Lieferanten und Abnehmern und durch die Umstände, die deren Erhaltung gewährleisten, schon hatte. Derselbe Kopf, der dieselbe Menge gleicher Sachgüter, Rechte und Dienstleistungen an zwei verschiedenen Orten zusammenbrächte und organisieren würde, würde schon durch die Verschiedenheit der örtlichen Lage verschiedenes schaffen. Unmöglich ist es, den Unterschied zu übersehen, wenn die eine dieser Unternehmungen auf eine lange Geschichte und Entwicklung zurückblickt, die andere erst vor kurzem ins Leben gerufen wurde. Dies gilt auch bei einfachen Verhältnissen. Es gilt noch vielmehr von Unternehmungen, die eine feine Absatz- oder Bezugsorganisation haben, deren Absatz auf jahrelangen großen Aufwendungen für Reklame oder dergleichen oder einem gründlich durchgearbeiteten Vertreternetz beruht, während ein seit Generationen mit der Firma oder doch ihrem Geschäftszweig verbundener Arbeiterstamm und ein durchgebildeter Mitarbeiterstab, eine alte Tradition und jahrzehntelange Erfahrungen die gleichbleibende Güte, ja ständige Verbesserung der Leistungen sichern.

Vor allem ist es der Absatz — nicht der jeweilige Absatzerfolg, der ja immer nur ein jeweiliges Ergebnis ist, — sondern die unter anderem an jenem zu ermessende Absatzmöglichkeit, in der bei einem um des

Gewinnes willen betriebenen Unternehmen sein eigentlicher „Kern" zu sehen ist.

Der Absatz eines Unternehmens beruht außer auf sachlichem bei ihm vorhandenen Voraussetzungen — unter anderem möglicherweise auf einer Monopolstellung, die durch Verleihung, Verabredung, Standort, Größe des erforderlichen Kapitals hergestellt worden sein kann — und der Arbeit der in ihm tätigen Personen auf einer Fülle von nur zum Teil hierauf zurückzuführender Beweggründe, welche die Verbraucher bestimmen können, ein bestimmtes Gut bei einem bestimmten Händler oder Erzeuger einzukaufen. Diese Beweggründe können sich von selbst einstellen, oder durch die Tätigkeit des Unternehmers hervorgerufen werden, wie das nachstehende banale und triviale Beispiel, das mir erlaubt sei, zeigt: Wenn Herr Lehmann, um mancherlei Beschwerden abzuhelfen, allein einen Erholungsaufenthalt im Kurhaus Kissingen oder Wörrishofen nehmen will und seine erzürnte Frau durch ein Trostgeschenk mit diesem Plan versöhnen und eine Aufmerksamkeit besänftigen möchte und mangels eines besseren Einfalls eine benachbarte Parfümerie betritt, weil die Schaustücke in ihrem Ladenfenster in ihm die Hoffnung wecken, daß eine Flasche Parfum das sein könnte, was den Zorn der Gattin kühlt, und wenn er nach unschlüssigem Schwanken zwischen 4711 (Mülhens), Gardenia (Chanel), Soir de Paris (Bourgeois), L'origand (Coti), Tabac blond (Oubigand), L'heure bleu (Lantèric) — von 4711 abgesehen kennt der behäbige Liebhaber dicker Zigarren weder die Marken noch die Firmen — sich für das zuletztgenannte Erzeugnis entscheidet, weil dieses das teuerste ist, so ist wohl klar, daß die jeweilige augenblickliche Tätigkeit des Kurhausleiters, der Erzeuger der Parfums und des Inhabers der Parfümerie die Entschlüsse des Herrn Lehmann bei der Wahl seines Aufenthalts und zu seinem Einkauf, bei der Bestimmung und Auswahl seines Trostgeschenkes und zu seinem Einkauf gerade in dieser Parfümerie teils gar nicht, teils nicht allein bestimmt hat. Bestimmt hat ihn bei der Wahl des Markenartikels zunächst der Zorn der Gattin, dann der Anblick des Schaufensters, also die Tätigkeit des Drogisten, der sie ausgestellt hat, und der Preis, nämlich der Ehrgeiz und Wunsch, vor dem Gericht der Gattin zu bestehen, bei der Wahl der Parfümerie gleichfalls die Tätigkeit ihres Inhabers, die eigene Ideenlosigkeit und Bequemlichkeit, nämlich die nachbarliche Lage, bei der Wahl des Kurhauses dessen Standort und die durch klimatische Verhältnisse und propagierende Tätigkeit entstandene Berühmtheit des letzteren bzw. die Popularität des Pfarrers Kneipp, des ersten Begründers. Örtliche Lage und Bekanntheit, welch letztere auf vielen Faktoren beruhen kann, sind übrigens, wie nicht noch besonders gesagt zu werden braucht, keineswegs die einzigen Beweggründe, welche die Kundschaft bestimmen. Die Kundschaft wird vielmehr auch durch die bloße eigene Erinnerung an frühere Einkäufe, die bloße Macht der Gewohnheit, auch menschliche Treue zum Einkauf bestimmter Waren bei bestimmten Verkäufern oder Erzeugern, bewogen. Auch eine so vorhandene Stammkundschaft, die sich wieder durch andere Werbemittel (Treurabatt, auch bloße Mundpropaganda) ständig vergrößert, beruht auf jeweilig vergangenen Vorgängen. Die Bekanntheit eines Unternehmens mag auch auf den äußeren Umständen, Eigenschaften des Unternehmens, seiner reizvollen Lage, nachbarlichen Heilquellen und dergleichen beruhen, beruht aber zumeist auf Arbeitsleistungen und Geldaufwendungen, die in der Vergangenheit vollbracht und entweder auf die Qualität der Erzeugnisse oder unmittelbar auf deren Bekanntheit verwendet worden sind, auf der Erinnerung der Kundschaft, darum oft nur auf einen besonders einprägsamen Namen[1]), auf der Treue und Geschmacksbeständigkeit der Abnehmer.

Jedes Unternehmen befindet sich in jedem Augenblicke in einem bestimmten Zustand (Standort, Organisation, Beziehungen, Ruf usw.), in welchem seine Lebensbedingungen begründet liegen, der zu einem großen Teil das Ergebnis der Arbeit und der Aufwendungen der Vergangenheit (auch früherer Inhaber), und insoweit „der objektive Niederschlag kaufmännischer Tätigkeit", aber zum Teil auch das Ergebnis einer unfreiwilligen (äußerst: wie bei den heute der Vergangenheit angehörigen Grundstückgesellschaften vorausberechneten) Entwicklung ist[2]). Dieser Zustand, das Ergebnis früherer Arbeit und einer auf äußeren Umständen, auch auf psychologischen Faktoren der Umwelt beruhenden Entwicklung, wird vom Reichsgericht als eine Eigenschaft gewertet, wozu einmal hervorzuheben ist, daß es sich dabei nur um eine Eigenschaft des Unternehmens als Einheit, niemals der ihm gewidmeten Sachgüter oder gar seines Inhabers handeln kann, zum andern aber, daß die Frage aufzuwerfen ist, ob diese „Eigenschaft" nicht etwa gerade das gesuchte Handelsgeschäft an sich ist.

Erwähnenswert scheint mir noch die Überlegung, daß die sogenannten „Chancen" nicht nur in den angeführten, zu den vorhandenen

---

[1]) (Es gab der Name „Deutsche Bank" dieser wenigstens im internationalen Verkehr von vornherein einen beträchtlichen Vorsprung vor nach Mitteln, Organisation und Leitung ebenbürtigen Wettbewerbern mit zum Teil aus schwierigen Kombinationen, die im Gedächtnis schlecht haften, zum Teil Städtenamen bestehenden Firmen, wie die Geschäftsbezeichnung „Grand Hotel" meist einen Vorsprung vor gleichrangigen Gasthöfen gewährt.)

[2]) Ich erinnere mich zum Beispiel, daß im August 1914 ein Berliner Abendblatt, welches bis dahin keine große Bedeutung besaß, eine große Auflage, die es später behaupten konnte, plötzlich dadurch erlebte, daß damals der tägliche Heeresbericht zu spät für die anderen Blätter erschien und nur von diesem Blatt gebracht werden konnte, sodaß es den Straßenverkäufern aus den Händen gerissen wurde.

Sachgütern und Rechten hinzutretenden, größtenteils geschichtlich bedingten Umständen bestehen, und daß sie ständig wechseln können. Ein großes Warenlager oder eine große Kapazität, die den Charakter eines Unternehmens als solchen bestimmt, kann heute von Übel, morgen von Vorteil sein. In Zeiten herannahender Konjunktur wird schon der vorhandenen fertigen Fabrik, mit der die Gütererzeugung sofort begonnen werden kann, auch wenn sie noch nicht in Betrieb war, ein erheblicher Good will anhaften, während umgekehrt dafür der Substanzwert nicht zu erlösen sein wird, wenn eine Wirtschaftskrisis vor der Türe steht. Auch in anderer Beziehung bestehen „Chancen" in höchst realen Dingen. Ein Handelsgeschäft wird um so wertvoller sein, je vollkommener das Handelsvermögen auf den Zweck des Handelsgeschäftes zugeschnitten, je vollkommener das Warenlager nach der Art der in Frage kommenden Kundschaft auf einen möglichst raschen Umsatz eingestellt und dementsprechend assortiert ist, je rationeller die Anordnung der Maschinen und des Produktionsganges, und je vollkommener der Stand der Maschinen ist. Es bedeutet einen Unterschied, ob unter einem Maschinenkonto, welches mit 300 000 DM. aufgeführt ist, nach technischer Leistung und Wirtschaftlichkeit höchst oder nach Leistung und Wirtschaftlichkeit wenig vollendete Maschinen gemeint sind, mag auch, wie im einen so im andern Falle der gleiche Betrag dafür aufgewendet worden sein. Es bedeutet sogar einen Unterschied, wie die Maschinen aufgestellt sind. Der „objektive Niederschlag früherer Tätigkeit" äußert sich hier in höchst realen Dingen und durchdringt diese, obwohl er gleichwohl nicht mit den Dingen identifiziert werden kann, in denen er sich äußert. Das kann bis zur Beeinflussung des wirtschaftlichen Wertes des vorhandenen Sachvermögens gehen — nicht nur in dem Sinne, daß der Wert richtig aufgestellter und angeordneter Maschinen oder eines richtig assortierten Lagers in dieser richtigen Zusammenstellung bzw. Assortierung größer ist als der Wert gleicher Maschinen oder Waren in weniger zweckmäßiger Aufstellung bzw. Assortierung: auch der Ruf einer Firma, einer Marke erhöht den Wert des vorhandenen Handelsvermögens. Gleich gute Waren verschiedener Herkunft werden im Verkehr verschieden bewertet, wenn die Erzeugungsstätten verschieden berufen sind. Es ist bekannt, daß die teuere und deshalb angesichts gleicher Selbstkosten lukrativerere berühmte Marke „Aspirin" sich niemals durch dasselbe billigere Produkt ohne Marke hat verdrängen lassen.

Der größere Absatz, der auf Ruf, weiterhin geübter Propaganda, Verkaufsorganisation und vielen anderen Ursachen beruhen kann, ermäßigt seinerseits die Selbstkosten, da er eine bessere Ausnutzung der Erzeugungsmittel und die Verteilung gleichbleibender Verwaltungsunkosten auf eine größere Zahl von Gütern gestattet.

Umgekehrt belastet ein für den Absatz zu großes Anlagevermögen, eine zu große Kapazität die Gewinnaussichten des Unternehmens. Ein übergroßes Lager entwertet das Handelsgeschäft. Steigende Gewinne erhöhen auch die Fähigkeit, den technischen Vorsprung vor anderen Unternehmen mit geringeren Gewinnergebnissen zu beschleunigen und zu steigern. Oft ist die absolute Größe eines Handelsvermögens hierfür allein ausschlaggebend, mitunter sogar für eine Monopolstellung.

Es geht nach meiner Meinung nicht an, diesen ganzen Zustand des Handelsgeschäftes, also diese Umstände und Verhältnisse, in denen sich ein Handelsvermögen befindet, die ihm anhaften und unter denen es genutzt wird, als Tätigkeit oder als Einzelsache oder Einzelrecht anzusprechen. Auch die Feststellung, daß neben dem Handelsvermögen und der Tätigkeit des Inhabers die „Chancen", worunter man all das genannte begreift: die örtliche Lage, die Organisation, die Betriebseinrichtungen, die Anordnung, den Ein- und Verkauf, den Arbeiterstamm und Mitarbeiterstab, die Erfahrungen, die Rezepte, die Marken, den Erfindungsbestand, das Archiv, die Tradition, die Kundschaft usw. — der viel zu enge Ausdruck mag trotz seines einseitig optimistischen und trotz seines nur in die Zukunft weisenden Sinnes beibehalten werden, wenn man nicht vergißt, wie diese Chancen entstanden sind und daß sie ein aus der Arbeit und Entwicklung der Vergangenheit hervorgegangenes Gut sind — einen Bestandteil des Handelsgeschäftes bilden, erschöpft die Sachlage nicht. Bemerkenswert ist, daß dieser „Chancen" genannte Gesamtzustand auch ohne Vermögen funktionieren und von diesem getrennt werden kann — freilich nicht immer, schwerlich bei einer Fabrik, die ohne die erforderlichen Maschinen überhaupt nicht existiert —, daß das Vermögen, ohne das Handelsgeschäft zu ändern, ausgetauscht werden kann — wie in dem von einem Autor gemachten Beispiel einer Leihbibliothek, deren Bücherbestand im ganzen verkauft und durch die Privatbibliothek des Inhabers ersetzt wird — und daß das Handelsgeschäft ebenso wie vom Vermögen, so auch vom Inhaber getrennt werden kann, daß also der Geschäftsleiter fungibel wird. Diese Fungibilität des Geschäftsleiters ist graduell bei den einzelnen Handelsgeschäften verschieden, je nach dem Grad, in welchem der „objektive Niederschlag" früherer Tätigkeit und Entwicklung vorhanden ist. In ihr beruht gerade die Übertragbarkeit des Handelsgeschäftes.

Indessen darf man sich nicht zu der Annahme verleiten lassen, daß dieser Zustand sich überall rein darstellt, oder auch, daß letzteres ideal wäre. Regelmäßig sind die „Chancen" mit dem Handelsvermögen durch und durch verquickt, werden zum Teil durch dieses bestimmt, ja dargestellt, und bestimmen letzteres, wie schon gezeigt worden ist. Es ist meines Erachtens falsch, zu sagen, daß das Handelsgeschäft

„aus den Chancen" und daneben aus der Summe der ihm gewidmeten Sachen und Rechte und Dienstleistungen bestehe. Dies stellt den Werdegang schon chronologisch auf den Kopf; denn die „Chancen" entstehen allmählich durch die Organisation und den Gebrauch der Sachen, Rechte und Dienstleistungen, den Aufwand für Werbung usw. als „objektiver Niederschlag der Tätigkeit", aber auch bestimmt durch die von letzterer unbeeinflußte Entwicklung und Gestaltung der Umwelt und der Tätigkeitsgrundlage. Wenn sich die „Chancen" von dem aus Sachen und Rechten bestehenden Handelsvermögen und den Dienstleistungen scheiden lassen mögen, und sich das Handelsgeschäft dann mit anderem Vermögen usw. weiterführen lassen mag, so liegt doch bei einem im Betrieb befindlichen Handelsgeschäft diese Scheidung nicht vor, befindet sich vielmehr alles in einer rationellen Einheit, die meist nicht zerstört werden kann, ohne daß das Vermögen und die „Chancen" Schaden nehmen und das Handelsgeschäft als solches, wenn nicht verkümmert, so doch sich ändert; denn der — im Grunde nach seinem wirtschaftlichen Wert — als „Chancen" bezeichnete Zustand bestimmt geradezu die Individualität der Einheit, wird aber auch seinerseits durch die Sachgüter erheblich beeinflußt. Ersteres erscheint mir auch für die rechtliche Betrachtung, gerade beim Nießbrauch, wo die Individualität erhalten bleiben muß, erheblich. Bei der Feststellung des Typischen darf nicht irre machen, daß die „Chancen" im wirtschaftlichen Verkehr heute einen selbständigen Rechnungsposten bei der Bewertung eines Handelsgeschäftes bilden, indem man dem Preis für Sachgüter und Rechte einen Betrag für den „good will" zuschlägt, der sogar von dem Erwerber unter den Aktiven seiner Bilanz aufgeführt werden darf. Im Grunde handelt es sich dabei um den Betrag, um welchen ein berechneter oder geschätzter Ertragswert über den Substanzwert hinausgeht. Es gibt aber auch einen Minusfassonwert. Bleibt der Ertragswert hinter dem Substanzwert zurück, weil das Anlagevermögen im Verhältnis zum Umsatz zu groß ist oder die Fabrik wegen schlechter Organisation der Arbeitsgänge zu kostspielig arbeitet, sich neue Maschinen darin befinden, die einen Fehlschlag bedeuten, weil das Lager unmodern oder schlecht assortiert ist, ja selbst nur, weil eine absteigende Konjunktur Unrentabilität befürchten läßt, so wird für den Substanzwert weniger bezahlt, ohne daß in diesem Fall etwa die Gepflogenheit bestände, einen gesonderten Minusposten einzusetzen. Mir scheint, daß gerade in dieser Möglichkeit sich kundgibt, wie sehr „Kern" und Handelsvermögen miteinander verwachsen sind. Bei positivem „good will" kann die wirtschaftliche Sonderbewertung auch durch Verpachtung und Erzielung des Pachtzinses zutage treten, der vom Standpunkt des Pächters aus ein Überschuß über die Selbstkosten seiner Produktion, seine eigene Arbeitsleistung, sein Risiko und seinen Unternehmergewinn, vom Standpunkt des Verpächters aus unter Umständen nur eine Gegenleistung für die Abnützung und den Gebrauch des Anlagevermögens, regelmäßig aber mehr als diese, ein Gegenwert also für den Gebrauch des Handelsgeschäftes als solchen ist. Gerade diese Möglichkeit der Verpachtung, die auch der Nießbraucher hat, — die Ansicht, daß die Ausübung des Nießbrauches nicht übertragen werden könne, ist abzulehnen, vielmehr setzt die Übertragung der Ausübung nur den Bestand des Nießbrauchsrechtes voraus —, zeigt besonders klar, daß das Handelsgeschäft als solches nicht bloß in den dazugehörigen Sachgütern und Rechten und der Tätigkeit des Inhabers besteht.

b) Die vorstehenden Überlegungen beschränken sich darauf, die zu nutzende Quelle wirtschaftlich zu beschreiben und nachzuweisen, daß es sich um eine Einheit handelt, die nicht nur aus dem Zusammenschluß von Sachgütern, Rechten und gegenwärtiger Arbeit, sondern auch aus den „Niederschlägen" früherer Arbeit und früheren Aufwands und der davon unabhängigen Entwicklung der Umwelt entstanden ist, und deren Werdegang und für ihre Bewertung bedeutsame Zukunft und damit Individualität außerdem von anfänglich gegebenen oder nachträglich eingetretenen noch vorhandenen oder inzwischen weggefallenen ausgewählten oder zufälligen sachlichen Bedingungen entscheidend bestimmt sein kann. Für die Zwecke dieser Arbeit genügt dies und bedarf es neben dieser Beschreibung keiner wirtschaftlichen Begriffsbestimmung, um welche sich die Wirtschafts- und die Betriebswissenschaft ohne allgemein anerkanntes Ergebnis und, wie mir scheint, ohne mehr als Bezeichnungen zu finden schon so lange bemüht.

Welche Folgerungen hat die Rechtsanwendung unter Beachtung der Gesetzeslage daraus zu ziehen? Kann sie, was wirtschaftlich als Einheit anzusehen ist, deshalb schon als eine Rechtseinheit behandeln? Kann sie als (zu schützendes und übertragbares) einzelnes Rechtsgut anerkennen, was ein in vielen Einzelerscheinungen bestehender tatsächlicher Zustand ist, weil dieser wirtschaftlich als Gut bewertet wird? Wenn die erstere Frage bejaht werden kann, so ist es nicht erforderlich, der zweiten nachzugehen. Es bleibt dann für die zweite Frage eben dabei, daß es sich um einen Zustand handelt, in welchem die Einheit sich befindet, geschützt wird und übertragbar ist, auf welchen sie reduziert sein kann, wenn das Handelsvermögen davon abgesondert wird. Für unannehmbar sehe ich es an, den Inbegriff der zahllosen Einzeltatsachen und Einzelumstände, die diesen Zustand ausmachen, zusammen als ein einheitliches einzelnes Immaterialgüterrecht, etwa wie ein Patent, koordiniert neben die sonstigen, zum Handelsvermögen gehörigen Rechte und Sachen zu stellen, schon deshalb, weil sie normalerweise von den Rechten und Sachen gar nicht geschieden, sondern ein, auf — meist früherer — Tätigkeit und Entwicklung beruhender Zustand sind, welcher sie durchdringt.

Die Vorstellung einer aus einer Vielzahl von Sach- und Rechtsgütern gebildeten und selbst als Rechtsgut anerkannten Rechtseinheit ist im allgemeinen dem geltenden Recht fremd, aber nicht grundsätzlich und durchaus; z. B. normiert § 591 BGB. die dem Pächter eines landwirtschaftlichen Grundstücks, § 593 BGB. die dem Pächter eines Landguts obliegende Rückgewährpflicht erkennbar unter dem Gesichtspunkt der wirtschaftlichen Einheit dieser Objekte, in dem daraus rechtliche Folgerungen gezogen werden; § 1055 BGB. erklärt diese Bestimmungen für anwendbar auf den Nießbrauch. Wenn auch die für einen Vermögensinbegriff gegebenen Vorschriften der §§ 2060, 1055 BGB. nicht ersehen lassen, daß ihnen die Vorstellung einer Einheit zugrunde liegt, welche sich von der Summe (dem Aggregat) der einzelnen Gegenstände unterscheidet, so wird doch in dem vom Nießbrauch an einem Grundstück samt Inventar handelnden § 1049 BGB. wieder deutlich von einer Einheit ausgegangen, und kaum zweifelhaft dürfte es sein, daß der Nießbraucher an einer (Klein- oder Großvieh-) Herde oder an einem Gestüt nach §§ 1036 Abs. 2, 1041 BGB., obwohl dort nur von einer Sache die Rede ist, verpflichtet ist, die Herde bzw. das Gestüt als solche bzw. solches zu erhalten, und dieser Verpflichtung nicht genügt, wenn er die übernommenen Tiere bis zu ihrem natürlichen Ende unterhält und nur die Kosten ihrer Erhaltung, insbesondere Fütterung trägt. § 1038 stellt sogar für den Nießbrauch an einem Wald, einer Vielzahl von Bäumen, die als Einheit behandelt wird, die Vorschrift auf, daß er auf Grund eines Wirtschaftsplanes auszuüben ist, der bestimmt ist, die Einheit Wald als solche am Leben zu erhalten. Daneben aber ist nicht zu verkennen, daß im geltenden Rechte auch Ansätze zu einer Anerkennung des Handelsgeschäftes als einer Rechtseinheit vorhanden sind und daß ein Bedürfnis danach besteht, weshalb denn auch die Rechtsprechung selbst die Rechtseinheit gelegentlich anerkannt hat.

In erster Linie ist natürlich in diesem Zusammenhang § 22 und § 23 HGB. zu erwähnen, wo nicht nur die Veräußerung des Handelsgeschäftes, sondern auch die Bestellung eines Nießbrauches an ihm als geradezu selbstverständlich möglich vorausgesetzt wird. Des weiteren geht aus § 25 HGB. hervor, daß die Veräußerung des Handelsgeschäftes gesetzlich auch ohne gleichzeitige Veräußerung des Handelsvermögens möglich ist; denn dort ist (Abs. 1 Satz 2) offensichtlich die Möglichkeit unterstellt, daß einzelne Vermögensbestandteile, z. B. die Forderungen, nicht mit veräußert werden. Sodann ist hinzuweisen auf das Gesetz zum Schutz der Warenbezeichnungen, welches eine Übertragung des Warenzeichens, und auf § 7, früher § 5 PatGes., welcher die Übertragung der Befugnis aus der Vorbenutzung ohne Übertragung des Gewerbebetriebes nicht zuläßt und unter letzterer nicht bloß die Übertragung der einzelnen Vermögensgegenstände in Verbindung mit der Ausübung einer gewerblichen Tätigkeit durch den Erwerber versteht. Schon von anderer Seite ist mit Recht betont worden, daß man sich bei dieser vom Gesetz offensichtlich als möglich angesehenen Übertragung des Handelsgeschäftes als solchen den Übergang der Rechte und Pflichten aus Arbeits- und Dienst- (Ansprüche aus Wettbewerbsklauseln gegen ausgeschiedene Angestellte!) sowie Miet- und Lieferungsverträgen, rechtlich gar nicht vorstellen kann, wenn man sich diese nicht radiziert auf das Handelsgeschäft als Einheit denken darf. § 14 UWG. verbietet die Behauptung nicht erweislich wahrer Tatsachen über das Erwerbsgeschäft eines anderen zu Wettbewerbszwecken, welche geeignet sind, den Betrieb des Geschäftes zu schädigen. Mindestens die verbotene Angriffshandlung braucht sich hier ersichtlich nicht gegen die einzelnen zum Betrieb gehörigen Sachen und im Betrieb tätigen Personen zu richten. Aber das Verbot der Angriffshandlung zielt auch nicht bloß auf den Schutz des Betätigungsrechtes des Inhabers ab; geschützt ist das Unternehmen selbst als Mittel der Erwerbstätigkeit. Wer über das Handelsgeschäft eines anderen die Behauptung aufstellt, daß der große Absatz seiner Erzeugnisse auf Beamtenbestechung beruhe, die seine früheren Geschäftsinhaber lange Zeit hindurch beständig geübt haben, hindert nicht die Freiheit und das Betätigungsrecht des Inhabers, der vielmehr durchaus nicht gehindert ist, seine Anstrengungen zu verdoppeln; er beeinträchtigt freilich deren Erfolg, aber auch die Ehre und das Fortkommen aller sonst in dem Handelsgeschäfte Tätigen. Auch von den §§ 12, 16, 17 UWG. läßt sich ohne Krampf nicht sagen, daß sie die Freiheit des Geschäftsinhabers zur Betätigung schützen sollen.

Daß ein Bedürfnis besteht, das Handelsgeschäft als Rechtsgut anzuerkennen, ergibt sich aus der reichsgerichtlichen Rechtsprechung, welche, obwohl sie (Band 70 S. 232) es als Einheit geleugnet hat, die veräußert werden und Gegenstand eines dinglichen Rechtes sein könne, doch nicht umhin gekonnt hat, ihm ständig Rechtsschutz nach § 823 Abs. 1 gegen Patentberühmung, Boykott und Boykottandrohung, wie überhaupt gegen jeden Angriff zu gewähren, ursprünglich freilich nur, wenn sich der Angriff gegen den Bestand des eingerichteten und ausgeübten Gewerbebetriebes richtete, später (GRuR. 40 S. 375) aber auch, wenn nur die Erträgnisse beeinträchtigt werden. Dies ist u. a. in Fällen, in welchen auch § 824 BGB. anwendbar wäre, auch um deswillen bedeutsam, weil gegenüber § 823 Abs. 1 die Wahrnehmung berechtigter Interessen nicht als Entschuldigungsgrund geltend gemacht werden kann.

Der Schutz nach § 823 BGB. ist von der Rechtsprechung regelmäßig in Fällen gegeben worden, in welchen der Angriff dem geschäftlichen Verkehr entsprang. Das Bedürfnis geht aber darüber hinaus. Man unterstelle z. B. folgenden Fall: In einem Warenhaus bricht ein kleiner, schnell gelöschter Entstehungsbrand aus. Ein Umstehender erzeugt durch kopflose, leichtfertige Rufe „Feuer" eine Panik unter den das Warenhaus füllenden Käufermassen, so daß viel Ware infolge dieser Panik beschädigt und zugrunde gerichtet und der Betrieb des Warenhauses vorübergehend unterbunden wird. Man würde den fahrlässigen Verursacher der Panik weder nach § 826 BGB. noch auch nach § 823 Abs. 1 BGB. für den Schaden haftbar machen können, nicht einmal wegen der beschädigten oder zerstörten Sachen, weil sein Angriff nicht unmittelbar gegen diese gerichtet war, wenn man nicht das Handelsgeschäft als beschädigtes Rechtsgut ansieht. Es ist oben erwähnt worden, daß die Wahrnehmung berechtigter Interessen gegen einen Schadensersatzanspruch aus § 823 nicht angewandt werden kann. Dies ist wichtig z. B., wenn jemand durch eine nicht leichtfertig (§ 823 Abs. 2, 164 StGB.), aber fahrlässig, in guter Absicht erstattete unrichtige Mitteilung an die Polizei die vorübergehende Schließung eines Handelsgeschäftes veranlaßt. Aus der Möglichkeit, zahllose weitere Beispiele zu bilden, sei noch eines geschöpft: Ein hoher Angestellter plaudert (unvorsichtig und vertrauensselig beim Wein) ein Geschäftsgeheimnis, eine Erfindung oder die Einzelheiten einer Offerte aus, ohne daß ihm bekannt ist, daß einer der Anwesenden Beziehungen zur Konkurrenz hat. Letzterer gibt die erlangte Kenntnis an diese weiter. Dieser ist nach § 823 Abs. 1 (der Angestellte selbst natürlich schon auf Grund des Dienstvertrages) schadensersatzpflichtig, selbst bei nur fahrlässigem Handeln (der Wettbewerber selbst scheidet aus der Ersatzpflicht aus, weil der Wettbewerb — rechtsteleologisch mit Recht schon im Hinblick auf das gemeine Beste — als zulässiger und nicht rechtswidriger Angriff anerkannt ist).

Als was denn anderes soll in allen diesen Fällen das Handelsgeschäft geschädigt sein, wenn nicht als Rechtseinheit? Welches von der Einheit und von den einzelnen Sachen oder Rechten, welche zum Handelsvermögen gehören, gesonderte spezielle Immaterialrechtsgut sollte denn in diesen Fällen, z. B. im Falle übler Nachrede geschädigt sein? Das immaterielle Recht des Absatzes?, der Kundschaft?, des Rufes? Wenn man das Handelsgeschäft nach § 823 Abs. 1. gegen eine Verletzung schützt, so kann man meines Erachtens nicht umhin, es als Einheit zu betrachten.

Endlich hat das Reichsgericht (RGZ. 159 S. 332, 333) das Handelsgeschäft auch der Mängelrüge unterworfen. Dabei hat es sich jedesmal um Fehler oder Eigenschaften gehandelt, welche nur als solche des

Handelsgeschäftes, nicht der einzelnen dazu gehörenden Sachgüter oder Rechte gedacht werden können. Auch für diese Betrachtung kann es nur als eine Einheit (sogar nur als einheitliche körperliche Sache) in Frage kommen.

Ähnlich unterstellt die Vorschrift des § 4 HGB. über Minderkaufleute eine Größenordnung des objektiven Gewerbebetriebes und damit eine Eigenschaft, die nur eine solche des Handelsgeschäftes, nicht der einzelnen Sachen noch auch irgendeines einzelnen Immaterialrechtsgutes sein kann.

Es spricht nach meiner Meinung nicht gegen die Zulässigkeit, das Handelsgeschäft als Rechtseinheit zu denken und anzuerkennen, daß das Gesetz die Möglichkeit der Übertragung durch einen einheitlichen Rechtsakt nicht ausgebildet hat, ja im Gegenteil sogar ausdrücklich ablehnt. Könnte doch auch umgekehrt, wenn etwa die Rechtseinheit zu verneinen wäre, ihre Bejahung nicht daraus abgeleitet werden, daß in besonderen Fällen, wie z. B. bei der Verschmelzung im aktienrechtlichen Sinne ein einheitlicher Rechtsvorgang vorgesehen ist, wie auch die Rechtseinheit eines Privatvermögens oder Nachlasses nimmermehr daraus gefolgert werden kann, daß es im Erbfall durch einheitlichen Rechtsvorgang auf einmal Eigentum des Erben wird; es fehlt ihm die Ausrichtung auf einen gemeinsamen Zweck.

Von anderer Seite (J. von Gierke) ist in richtiger Erkenntnis, daß das Gut, um welches es sich handelt, der „Kern" des Handelsgeschäftes, zum großen Teil ein „objektiver Niederschlag kaufmännischer oder technischer Tätigkeit" ist, dieser Kern mit einem glücklich gewählten, wenn auch wohl nicht ganz erschöpfenden Ausdruck, der sich einzubürgern beginnt „Tätigkeitsbereich" genannt worden. Auch dabei ist wohl nicht gemeint, daß es sich um einen jederzeit ausgelösten, geschälten Kern und nicht vielmehr um einen Zustand handelt, welcher bei einem in Betrieb befindlichen Geschäft mit dem Ganzen verquickt ist und die Einheit individualisiert. Diese individualisierte Rechtseinheit, das Handelsgeschäft als solches, ist zwar nicht Sache im engen Sinne des BGB. und nicht Recht, aber „Gegenstand" (§ 90 BGB.). Ebenso KRR. Anm. 3 zu § 90 und die daselbst angeführte Rechtspr. d. RG. Dieser Begriff steht freilich nicht fest. (Vgl. Sohm, der Gegenstand und a.a.O. S. 173, ferner IheringJ. Bd. 53 S. 373, Binder, Der Gegenstand und a. a. O. S. 1 ff., ferner ArchBürgR. Bd. 34 S. 309ff., Hedemann ebenda Bd. 31 S. 322, Kloes ArchZivPr. 103 S. 67, Becker, Grundbegriffe des Rechts und Mißgriffe der Gesetzgebung 1910, Husserl, Der Rechtsgegenstand 1933). Das BGB. gebraucht das Wort nicht immer als juristischen Grundbegriff. Es ist offenbar, daß es darunter etwas anderes versteht, wenn § 32 BGB. vorschreibt, daß der „Gegenstand" der Beschlußfassung bei der Berufung der Mitgliederversammlung bezeichnet werden muß, und wenn § 90 Sachen als körperliche „Gegenstände" definiert. Im Sinne der letzteren Vorschrift verstehe ich unter dem Oberbegriff „Gegenstand" nicht nur jede Sache und jedes Recht, sondern auch jede im Gegensatz zu einem sie beherrschenden oder genießenden Subjekt befindliche oder denkbare individuelle oder individualisierbare Sach- oder Rechtslage (z. B. u, a. — früher — auch eine Kartellquote an einem Erzeuger-Kartell, obwohl sie doch nichts war, als die rechtliche Möglichkeit, eine bestimmte Gütermenge zu erzeugen, ohne eine übernommene Mitgliedspflicht zur Unterlassung zu verletzen, und gleichzeitig der Reflex gleicher Unterlassungspflichten der anderen Kartellmitglieder; vgl. die KRR. Anm. 3 zu § 90 BGB. angeführte weitere höchstrichterliche Rechtspr.).

Damit, daß das Handelsgeschäft als eine wirtschaftliche Einheit nachgewiesen und diese beschrieben und weiter belegt wurde, daß sie auch vom geltenden Recht als Rechtseinheit anerkannt und behandelt wird, ist für die ferneren Untersuchungen dieser Schrift eine ausreichende Grundlage geschaffen. Für diese kommt es nicht darauf an, den Begriff des Unternehmens zu definieren und zu ermitteln, welcher Unternehmensbegriff den gesetzlichen Bestimmungen zugrunde liegt, die von einem Unternehmen handeln — hierüber hat neuerdings Gierke in seiner Zeitschrift für das gesamte Handels- und Konkursrecht Band 111 Seite 1 tief in das Wesen der Sache eindringende und klärende Untersuchungen angestellt[1] —, auch nicht, außer Zweifel zu stellen, unter welchen Oberbegriff die rechtliche Einheit fällt, als die ich das Handelsgeschäft erkenne; denn wenn Sachen und Rechte dem Nießbrauch unterliegen können, so würde daraus allein noch nicht zu folgern sein, daß auch an allen anderen Gegenständen im Sinne des Gesetzes, mag dieser sein welcher immer, ein Nießbrauch zulässig ist; höchstens würde aus nachweisbarer Zulässigkeit des Nießbrauchs an einem Etwas, das nicht Sache oder Recht ist, zu folgern sein, daß der Nießbrauch auch an etwas anderem zulässig sein müsse, das diesem Etwas, an dem der Nießbrauch (wie beim Handelsgeschäft) vom Gesetz anerkannt ist, rechtsähnlich ist.

2. Wenn auch das BGB. Eigentum nur an Sachen kennt, wird man sich das Recht an diesem Gegenstand, dieser Rechtseinheit: Handelsgeschäft, doch als ein eigentumsähnliches zu denken haben; denn wenn auch das Handelsgeschäft vom Handelsvermögen losgelöst gedacht werden kann und letzteres nicht wesentlich für das erstere ist, so tritt es doch regelmäßig als etwas Körperliches, sinnlich Wahrnehmbares auf.

---

[1]) sie konnten für diese Schrift, die mit ihnen ohnedies übereinstimmt, nur sporadisch nutzbar gemacht werden, da deren Abfassung Jahre zurückliegt, was hoffentlich auch die manchmal unzeitgemäßen Beispiele erklärt, und nur für die Veröffentlichung noch einmal durchgesehen wurde.

3. Fast allgemein wird bezüglich des Nießbrauchs an einem Handelsgeschäft anerkannt, daß das Gesetz ihn als geradezu selbstverständlich möglich und ausführbar in § 22 HGB. voraussetzt. (KRR. Anm. 3 zu § 1085 BGB., trotz Anm. 3 zu § 90 BGB., Planck Anm. 4 zu § 1085 BGB., Staudinger-Riezler Vorbem. 18 zu § 90 BGB., obwohl daselbst bestritten wird, daß das Unternehmen als solches Gegenstand eines einheitlichen Herrschaftsrechtes sei, aber dagegen Staudinger-Kober Anm. 7 a. E. zu § 1085 BGB., Düringer-Hachenburg-Hörniger Erl. 33ff., Flad-Gadow Erl. 45, beide zu § 25 HGB., Staub-Bondi Anm. 15 zu § 22 HGB.). Auch hier spricht nicht dagegen, daß der Nießbrauch nicht durch einheitlichen Rechtsakt bestellt werden kann, daß vielmehr zu der selbstverständlich auch hier erforderlichen dinglichen Einigung bei beweglichen Sachen die Übergabe, bei Grundstücken die Eintragung im Grundbuch, bei Rechten und Forderungen die Abtretung, bei Wechseln die Indossierung hinzutreten muß; zu ergänzen sind diese Übertragungsakte durch Einweisung in den Besitz der (gemieteten) Geschäftsräume, Einwilligung in die Fortführung der Firma, Übergabe der Bücher und Geschäftspapiere, Offenbarung der Geschäfts- (Bezugs-, Absatz-, Fabrikations-) Geheimnisse, der Kundenlisten sowie aller Erfahrungen, die Mitwirkung bei erforderlichen Anmeldungen zum Handelsregister, den Eintritt in die Lieferungs-, Bezugs- und Angestelltenverträge und ihre Übertragung (die als solche einzeln doch gar nicht übertragbar wären). Vom Standpunkt der oben entwickelten Ansicht aus, daß das Handelsgeschäft eine Rechtseinheit und das Recht an ihr eigentumsähnlich sei, erscheint die Möglichkeit einer Nießbrauchsbestellung geradezu als selbstverständlich.

Die überwiegende Meinung geht freilich trotz § 22 HGB. dahin, daß der Nießbrauch an einem Erwerbsgeschäft nur in einem schuldrechtlichen Gebrauchmachendürfen von der Erwerbsgelegenheit eines anderen bestehe. Für die gegenwärtige Untersuchung, welche sich, wie sich ergeben wird, nur mit den schuldrechtlichen Beziehungen zwischen Besteller und Nießbraucher befaßt, braucht es nicht erheblich zu sein, ob der Nießbrauch an einem Handelsgeschäft nur in einem schuldrechtlichen Gebrauchmachendürfen von dem geschaffenen und bestehenden Zustand (Erwerbsgelegenheit) gegenüber dem Besteller oder in einem absoluten gegen jedermann geschützten Gebrauchmachendürfen besteht. Dieser Unterschied ist von Bedeutung, wenn die Anhänger der überwiegenden Meinung die gesetzlichen Bestimmungen über den Nießbrauch für unanwendbar erklären, welche ich, wie nachstehend ersichtlich, so gut es geht, anzuwenden bestrebt bin, aber dann nicht, wenn sie aus der gesetzlichen Anerkennung des Nießbrauchs an einem Handelsgeschäft die schuldrechtliche Anwendbarkeit der gesetzlichen Bestimmungen über den Nießbrauch folgern. Von meinem oben entwickelten Standpunkt aus ist auch ein dinglich wirkender Nießbrauch an einem Handelsgeschäft möglich, und die dingliche Rechtsstellung des Nießbrauchers unentbehrlich. Oder sollte etwa der Nießbraucher die Patentberühmung, die Boykottandrohung, die Nachahmung der Ausstattung, die sittenwidrige Erforschung eines Geschäftsgeheimnisses usw. wirklich nicht selbst aus eigenem Recht abwehren können? Soll er auf Schadensersatzforderungen des Bestellers angewiesen sein, auf welche sich bekanntlich mangels Geltung des Surrogationsprinzips für den Nießbrauch der Nießbrauch auch dann nicht erstrecken würde, wenn das ganze Handelsgeschäft zugrunde gerichtet worden ist?

Andererseits scheint mir die Ansicht nicht begründet, es sei aus der Natur des Rechtsguts abzuleiten, daß es ein Recht an einem fremden Unternehmen nicht geben könne, und daß daher auch ein Nießbrauch an einem fremden Unternehmen nicht möglich sei; Nießbraucher und Pächter müßten daher den Eigentümer dinglich ausschließen und ihn in eine schuldrechtliche Stellung verdrängen. Es ist nicht erkennbar, warum dies aus der Natur des Rechtsguts folgen soll. Es folgt dies auch nicht daraus, daß der Nießbraucher im Handelsregister einzutragen ist; denn — ganz abgesehen von der immer nur deklaratorischen Bedeutung einer (nicht auf Entstehung oder Satzungsänderung einer AG. oder GmbH. bezüglichen) Eintragung im Handelsregister — ist nicht das Unternehmen und sein Eigentümer im Handelsregister einzutragen, sondern der Kaufmann, der ein Unternehmen betreibt, und die Firma, unter der er es betreibt (ja, nach dem Wortlaut des Gesetzes sogar umgekehrt), weil der Rechtsverkehr wissen muß, wer es ist, der unter der Firma Geschäfte macht, — der Nießbraucher. Die Ansicht wäre richtig, wenn ein Unternehmen als solches kein Rechtsgut wäre, sondern bloß eine faktische Gelegenheit, Geschäfte zu machen, die während der Dauer des Nießbrauchs sich freilich allein dem Nießbraucher darbietet; aber gerade darin, daß es sich um ein geschütztes Rechtsgut handelt, stimmen die Urheber dieser Meinung mit den vorstehenden Ausführungen überein. Es liegt dieser Meinung wohl ein Vorurteil zugrunde, in dem von einem selbstgewählten für diese Frage nicht brauchbaren Unternehmensbegriff ausgegangen wird, der auch nicht etwa damit gerechtfertigt werden kann, daß das positive Recht von ihm ausginge, weil dieses die Nutzung eines Unternehmens überhaupt nicht besonders regelt. Offensichtlich wird von dieser Meinung die Betriebstätigkeit des Unternehmers dem Unternehmen zugerechnet. Dies ist für diese Untersuchung nicht zulässig. Denn eine Nutzung ist nur möglich an dem, was der Unternehmer betreibt — auch ein Eigentümer nutzt im Rechtssinne nicht seine eigene Tätigkeit —, welcher, wie oben erwähnt, fungibel ist und Eigentümer oder Nießbraucher sein kann[1]). Übrigens ist diese Meinung auch im Ergebnis unzutreffend. Das liegt bezüglich der Grundstücke offen zutage, die regelmäßig keineswegs die nebensächlichsten Sachgüter und Träger der Grundlagen des von diesen abstrahierbaren Unternehmens sind. Und warum soll es dem Eigentümer verwehrt sein, die vorerwähnten Abwehrklagen zu erheben? An dem Rechtsschutzinteresse, das er an diesen hat, zeigt sich, daß er trotz des Nießbrauchs Inhaber des Unternehmens geblieben ist.

4. Wenn das Gesetz den Nießbrauch an einem Erwerbsgeschäft erkennbar als rechtlich möglich voraussetzt, muß es auch die für den Nießbrauch geltenden Vorschriften und die ihm zugrunde liegenden Begriffe für anwendbar halten. Dies gilt auch von dem dem Nießbrauch nach § 1030 BGB. zugrundeliegenden Begriff der Nutzung (§ 100 BGB.). Dies macht nur Schwierigkeiten, wenn man annimmt, daß ein Nießbrauch lediglich an den einzelnen Sachgütern vorliege. Denn in der Tat kann es sich bei den Nutzungen, welche der Nießbraucher eines Handelsgeschäftes nach § 1030 BGB. zu ziehen berechtigt ist, nicht um die Früchte der einzelnen dem Geschäfte gewidmeten Sachen handeln. Der Unterschied zwischen dem Erlös für eine hergestellte oder zum Weiterverkauf angekaufte Sache und ihren Anschaffungs- oder Herstellungskosten kann nicht als eine Frucht dieser Sache oder als ein Ertrag der Maschine angesehen werden, mit welcher sie hergestellt worden ist. Der schließliche jährlich erzielte Überschuß der vorhandenen Werte über den bei Jahresbeginn vorhandenen Bestand an Werten, der vom Gesamtumsatz zuzüglich der Entnahmen des Inhabers über alle Fabrikations- und Geschäftsunkosten hinaus übrig bleibt, ist weder Frucht der einzelnen dem Geschäft gewidmeten Gegenstände im Sinne des § 99 BGB. noch ein Vorteil, den der Gebrauch der einzelnen Gegenstände, sondern ein Vorteil, den der unter Einsatz rechtlichen und wirtschaftlichen Risikos gemachte Gebrauch des wie sich hier zeigt einheitlichen Handelsgeschäftes als solchen gewährt.

Der Gebrauch besteht in der Ausnutzung der auf Grund der Entwicklung des Unternehmens und der Arbeitsleistung der Vergangenheit (Bezugsquellen und Kundschaft, Einkauf-, Absatz- und Produk-

---

[1]) Auch Girke a. a. O., der für seine weitvorgetragenen Einsichten das Verdienst in Anspruch nimmt, daß sie die Frage nach dem Begriff des Unternehmens endgültig erledigen, zeigt, daß das Gesetz mit dem Ausdruck Unternehmen bald die eine, bald die andere Erscheinung der wirtschaftlichen Einheit im Auge hat. Auch davon kann hier nicht gesprochen werden, weil das Gesetz sich mit der Nutzung am fremden Handelsgeschäft (Unternehmen) nirgends befaßt. Es kann für diese rechtlich nur der Geschäftsbereich und die Betriebsgemeinschaft im Sinne Gierkes in Frage kommen

tionsorganisation, wissenschaftlicher Stab, Schulung der Angestellten und Arbeiter, Patente, Erfindungen, Handelsmarken und Warenzeichen, Ruf usw.) und auf Grund zufälliger Umstände (örtlicher Lage, faktischer Monopolstellung usw.) in dem Unternehmen begründeten Möglichkeiten zum dauernden Umsatz bestimmter Güter und dem diesem Zwecke dienenden Gebrauch der Anlagen (Maschinen, Grundstücke).

Der Erfolg dieses Gebrauches ist natürlich abhängig auch von der Tätigkeit, Tüchtigkeit, dem Fleiß und dem Ingenium des Gebrauchers. Das mit dem Nießbrauch belastete Geschäft wird durch den Nießbraucher und, wenn nicht etwa durch ihn selbst, durch einen angestellten Leiter nach den Weisungen des Nießbrauchers geführt. Der Gebrauch führt durch die Art, wie er geschieht, verbunden mit dem rechtsgeschäftlichen Verkehr mit der Außenwelt, der im Namen des Nießbrauchers unterhalten wird, auch ein Risiko sowohl nach außen durch die Haftung des Nießbrauchers für die in seinem Namen eingegangenen Geschäfte, als theoretisch grundsätzlich auch nach innen gegenüber dem Eigentümer herbei. Auch das spricht nicht gegen einen echten Nießbrauch. Ohne jede eigene Tätigkeit ist kein Gebrauch, nicht einmal der eines Bettes denkbar. Es wäre auch unbegründet zu bestreiten, daß ein begnadeter Geiger, der sich zu seinen Konzerten einer Amati- oder Stradivari-Geige bedient, an der ihm ein Nießbrauch bestellt ist, das Instrument kraft Nießbrauchs nutzt, deshalb, weil der Erfolg dieser Nutzung durch sein eigenes Künstlertum gefördert werde. Die Nutzung einer Sache, eines Rechtes oder Gegenstandes ist zwar wohl regelmäßig nicht mit einer Haftung oder gar mit einem Risiko verbunden, wenn sie auf Grund Nießbrauchsrechtes (anders bei der Pacht), geschieht. Aber unvereinbar sind Haftung und Risiko auch mit dem Nießbrauch nicht (vgl. § 1047 BGB. und hierzu RGZ. 72 S. 101). Haftung und Risiko stellen zwar eine Eigentümlichkeit des Nießbrauchs an einem Erwerbsgeschäfte dar, sind aber nach keinem Rechtsgrundsatz damit unvereinbar.

Undenkbar wäre vielmehr nur, daß das Geschäft kraft Nießbrauchs weiter im Namen und unter der Haftung des Geschäftseigentümers — sei es nach dessen Weisungen, sei es nach den Weisungen des Nießbrauchers — geführt wird, daß aber die Früchte kraft Nießbrauchsrechtes dem Nießbraucher zufallen; denn einen Nießbrauch an einer fremden Arbeitsleistung, einer fremden Haftung und einem fremden Risiko gibt es nicht (vgl. RGZ. 70 S. 230). Darum ist auch die Ansicht abzulehnen, daß noch reiner Nießbrauch verliegt, wenn der „Nießbraucher" das Geschäft mit Vollmacht des Eigentümers in dessen Namen fortführt; einen Anspruch auf eine solche Vollmacht hat der

Nießbraucher als solcher nicht. Ein solches Rechtsverhältnis könnte in der Tat nur schuldrechtlich bestehen und auf einem besonderen Vertrag oder letztwilliger Verfügung beruhen.

5. Wenn auch vorstehend versucht worden ist, die Ansicht zu begründen, daß es sehr wohl einen Nießbrauch an einem Erwerbsgeschäft als solchem gibt, so ist dieser Nießbrauch doch selbstverständlich gleichzeitig auch Nießbrauch an den einzelnen dem Erwerbsgeschäft gewidmeten Sachen und Rechten. Es sind deshalb die §§ 1030 bis 1084 BGB. darauf anzuwenden (ebenso: Düringer-Hachenburg-Hoeninger, Staub, Staudinger-Kober, Planck-Brodmann a. a. O.), m. E. auch die §§ 1085 bis 1088 BGB. über den Nießbrauch an einem Vermögen. Letzteres entspricht nicht der herrschenden Ansicht, welche diese Vorschriften nur dann für anwendbar hält, wenn das Erwerbsgeschäft das gesamte Vermögen des Nießbrauchbestellers ist. Ich halte es für untunlich, den Nießbrauch an einem Erwerbsgeschäft verschieden zu behandeln, je nachdem ob der Besteller noch weiteres Vermögen besitzt oder nicht. Ohnedies ist § 1085 in jedem Falle anwendbar, und ein innerer Grund nicht erkennbar, die §§ 1086 bis 1088 von der Anwendung auszuschließen, wenn der Nießbrauchbesteller noch weiteres Vermögen hat. Diese Bestimmungen handeln sozusagen von einer Art Gläubigerschutz und sich daraus ergebenden Folgerungen. Überdies dürfte es fast immer, wo der Nießbrauch an einem Erwerbsgeschäft vorkommt, sich zugleich um einen letztwillig vermachten Nießbrauch an einen ganzen Nachlaß handeln.

Wenn schon Nußbaum (a.a.O. Vorwort) ausführt, daß die Vorschriften des BGB. über den Nießbrauch größtenteils auf dem Papier stünden, und daß sich die wissenschaftliche Behandlung des Gegenstandes vielleicht noch weiter als das Gesetz von der Wirklichkeit entfernt habe, so passen die Vorschriften des Gesetzes rechtsteleologisch erst recht wenig auf den Nießbrauch an einem Erwerbsgeschäft. Es fehlt eine dringend notwendige, den Belangen des Unternehmens als solchen gerecht werdende gesetzliche Regelung. Gleichwohl werden die gesetzlichen Bestimmungen der nachstehenden Untersuchung zugrunde gelegt; denn ihr Zweck ist nicht, einen Gesetzesvorschlag zu machen, sondern die Rechtslage nach geltendem Recht zu klären. Es hieße, dabei von jedem festen Boden abspringen, wenn von den gesetzlichen Vorschriften nicht wenigstens, soweit möglich, ausgegangen würde. Dabei ist freilich zu beachten, daß es einen gesetzlich begründeten Nießbrauch nicht gibt. Er beruht immer auf Rechtsgeschäft (Vertrag) und zwar regelmäßig zufolge letztwilliger Anordnung, manchmal auch auf Vermögensübergabe unter Lebenden und gleichzeitigem Vorbehalt des Nießbrauchs zugunsten des Übergebers. Gerade in den wichtigsten

Beziehungen, nämlich für das schuldrechtliche Verhältnis zwischen Nießbraucher und Besteller wird es also immer auf den Parteiwillen, meist auf den Willen des Erblassers ankommen. Wenn der Nießbrauch bei einer Vermögensüberlassung vorbehalten wurde, dürfte der Parteiwille meist dem Nießbraucher größtmögliche Freiheit gewähren.

6. Die Vereinbarung bedarf regelmäßig öffentlicher Beurkundung nach § 311 BGB. (RG. Gruch. 63, 881) nur, wenn das Handelsgeschäft und -vermögen das gesamte Vermögen des Bestellers ist.

B. Einzelheiten

7. Soweit das Geschäftsvermögen Umlaufsvermögen (§ 92 BGB.) bestehend aus Sachen ist, wird es nach § 1067 BGB. Eigentum des Nießbrauchers, hat dieser aber dem Besteller nach der Beendigung des Nießbrauchs den Wert zu ersetzen, den die Sachen bei der Bestellung hatten. Bei diesem Wertersatz ist nicht von den Buchwerten bei Nießbrauchbeginn, sondern dem wirklichen Wert auszugehen. Man kann zweifeln, ob dies der Tageswert oder Selbstkostenpreis ist. Nach kaufmännischen Grundsätzen muß man sich für letzteres entscheiden. Stille Rücklagen, die auf Umlaufsvermögen bei Nießbrauchbeginn liegen, gebühren also dem Nießbraucher, soweit sie auf Wertsteigerung (zum Beispiel infolge einer nach Herstellung eingetretenen Preissteigerung für die Rohstoffe), dem Besteller (Erben), soweit sie auf Abschreibungen (Wertansatz unter Selbstkostenpreis) beruhen; insoweit hat also die Nießbrauchseröffnungsbilanz die Wertansätze zu berichtigen. Natürlich kann der Nießbrauchvertrag bzw. Erblasser anderes bestimmen. Der Grundsatz des Wertersatzes gilt nicht unmittelbar, aber mittelbar auch von Forderungen, denn der Nießbraucher hat nach § 1074 BGB. das Recht, die unverzinslichen Forderungen einzuziehen, die bei einem Erwerbsgeschäft die Regel bilden, und zwar ohne Rücksicht darauf, ob er die Firma fortführt oder nicht; nach § 1075 Ab. 2 BGB. gilt nach der Einziehung von dem empfangenen Geld dasselbe wie von den Sachen des Umlaufsvermögens. Daß der Nießbraucher auch zu anderen Verfügungen über die zum Geschäft gehörigen Forderungen berechtigt sei, schließt § 1074 Abs. 1 S. 2 ausdrücklich aus. Darnach könnte er also weder Forderungen stunden, noch in einem Konkurs- oder Vergleichsverfahren oder wegen Mängelrügen usw. ganz oder teilweise ermäßigen, auf Schuldner keine Wechsel ziehen und vorhandene oder auf diese Weise neue geschaffene Kundenpapiere durch Girierung nicht zu Geld machen. Indessen ist § 1074 Abs. 1 S. 2 unanwendbar und ist dem Nießbraucher eine solche Verfügungsmacht über Forderungen einzuräumen. Wird man dies schon für den Fall gesetzlicher Nutznießung um deswillen annehmen dürfen, weil eben das

Gesetz die Nutznießung am Handelsgeschäft ausdrücklich erwähnt, also als zulässig unterstellt und deshalb wohl auch alles zulassen dürfte, was zum gewöhnlichen, ordnungsmäßigen Betrieb des Handelsgeschäftes gehört, so erst recht bei dem auf Vereinbarung oder letztwilliger Anordnung beruhenden Nießbrauch auf Grund vernünftiger Auslegung der Vereinbarung oder letztwilligen Verfügung. Die Schuldner selbst sind, wenn der Nießbraucher die Firma mit Einwilligung des Bestellers fortführt, durch § 25 HGB. auch dann geschützt, wenn er zu der Verfügung nach dem Nießbrauchsvertrag nicht berechtigt gewesen sein sollte; die Einwilligung ist schon in der Duldung der Fortführung zu erblicken und wird durch die Eintragung des Nießbrauchers als Inhabers der Firma im Handelsregister nachgewiesen, die ohne Einwilligung des Bestellers ja nicht vorgenommen werden kann. Um diese Eintragung hat sich der Schuldner also zu kümmern, wenn er nicht die Gefahr laufen will, daß die vom Nießbraucher vorgenommene Verfügung wegen entgegenstehenden Nießbrauchsvertrags unwirksam ist. Führt der Nießbraucher die Firma nicht fort, wird der Schuldner ohnedies aufmerksam sein und sich die Nießbrauchsvereinbarung zeigen lassen. Nach dem Vorgesagten kann er von stillschweigend erteilter Verfügungsmacht des Nießbrauchers ausgehen, wenn der Nießbrauchvertrag sie nicht ausschließt; an den Nießbraucher zahlen, kann der Schuldner, wenn ihm der Nießbrauch nachgewiesen ist, nach § 1074 auch, wenn die Firma nicht fortgeführt wird.

8. Das Anlagevermögen bleibt Eigentum des Nießbrauchbestellers. Der Nießbraucher kann also nicht darüber verfügen. Nur für Inventar, das zu einem Grundstück gehört, trifft § 1048 BGB. die freilich in erster Linie auf landwirtschaftliche Verhältnisse gemünzte Regelung, daß der Nießbraucher über die einzelnen Inventarstücke innerhalb der Grenzen einer ordnungsmäßigen Wirtschaft verfügen kann, er hat aber für den gewöhnlichen Abgang, sowie für die nach den Regeln einer ordnungsmäßigen Wirtschaft auszuscheidenden Stücke Ersatz zu beschaffen; die Ersatzstücke werden ohne weiteres Eigentum des Eigentümers des Inventars. Wie aber, wenn das Grundstück kein landwirtschaftliches, sondern ein gewerbliches ist, oder wenn zu dem Handelsgeschäft wohl Maschinen, aber keine Grundstücke gehören? Man wird aus denselben Überlegungen, welche oben hinsichtlich der Verfügung über die Geschäftsforderungen angestellt worden sind, nicht umhin können, in diesem Falle dasselbe gelten zu lassen (s. auch unten). Der Erwerber des veräußerten Inventarstücks ist also nicht auf den Schutz guten Glaubens gemäß § 366 HGB. angewiesen. Von der Surrogation gilt, daß sie nicht dinglich, sondern nur schuldrechtlich vereinbart werden kann. Gleichwohl dürfte auf Grund Rechtsähnlichkeit anzu-

nehmen sein, daß sie auch in einem solchen Falle dinglich wirkt und die Ersatzstücke ohne weiteres Eigentum des Bestellers werden.

Zum Anlagevermögen gehört der Natur der Sache nach auch das Handelsgeschäft als solches, der durch frühere Entwicklung und Arbeit entstandene Zustand, in welchem es sich befindet. Freilich nimmt an diesem Zustand auch das Umlaufsvermögen teil; aber nur insoweit gilt dies nicht.

Wie der Nießbraucher grundsätzlich den Gegenstand des Nießbrauchs nicht veräußern kann, das Umlaufsvermögen nur auf Grund der positiven Vorschrift des § 1067 BGB. und etwa zusätzlicher, wenn auch nicht ausdrücklicher Vereinbarung, weil es in der Natur der Sache liegt, so kann er nicht etwa unter Ausschluß des körperlichen Anlagevermögens das Handelsgeschäft veräußern. Er darf dies nicht nur nicht, sondern er kann dies mangels Sachzuständigkeit nicht.

Übrigens führt die Beobachtung, daß das Umlaufvermögen Eigentum des Nießbrauchers wird, das Anlagevermögen einschließlich des Handelsgeschäftes als solchen nicht, daß andererseits der Nießbraucher nicht gehindert ist, das Anlagevermögen aus den ihm gebührenden Erträgnissen oder sonstigen eigenen Mitteln zu mehren, und daß er insoweit Eigentümer des Anlagevermögens wird, zu der Wahrnehmung, daß durch diese Möglichkeit infolge des Nießbrauchs ein Sprung durch die rechtliche Einheit geht, wenn sie auch nicht geradezu zerrissen wird.

9. Der Nießbraucher kann die Firma fortführen, wenn der Inhaber des Geschäftes darein einwilligt (§ 22 Abs. 2 HGB.). Einen Anspruch darauf hat er nur, wenn es in dem der Nießbrauchsbestellung zugrunde liegenden schuldrechtlichen Grundgeschäft oder Testament vorgesehen ist; anderenfalls muß der Nießbraucher eine eigene Firma annehmen, wenn der Inhaber des Geschäftes seine Zustimmung verweigert. Häufig wird aber der Nießbraucher nach dem Vertrage mit dem Inhaber oder nach dem Testament, durch welches ihm der Nießbrauch vermacht ist, nicht nur berechtigt, sondern verpflichtet sein, die Firma fortzuführen, weil er nach § 1041 BGB. verpflichtet ist, das Geschäft in seinem wirtschaftlichen Bestande zu erhalten.

10. a) Die Fortführung der Firma hat erhebliche Folgen für die Schuldenhaftung. Der Nießbraucher, der die Firma fortführt, haftet für die Geschäftsschulden mit seinem Vermögen persönlich, auch soweit sie bei Bestellung des Nießbrauchs schon entstanden waren. Dies ergibt sich aus § 25 HGB., der nach fast allgemeiner Meinung entsprechend anzuwenden ist. Der Gläubiger der Altverpflichtungen bedarf zur Zwangsvollstreckung in das Umlaufsvermögen oder das sonstige Vermögen des unbeschränkt haftenden Nießbrauchers nur einen gegen diesen auf Grund seiner unbeschränkten Haftung erstrittenen Titels.

Zu einem bereits vorhandenen Urteil ist die Vollstreckungsklausel gegen den Nießbraucher zu erwirken (§§ 729, 730—732 ZPO.). Zur Zwangsvollstreckung in das Anlagevermögen aber würde ein Titel gegen den Nießbraucher nicht genügen; dazu bedarf es eines Urteils gegen den Eigentümer (Besteller), das auf Grund Neuforderungen natürlich nicht erwirkt werden kann, und eines Duldungstitels gegen den Nießbraucher (§ 738 ZPO.).

Umgekehrt haftet nach Beendigung des Nießbrauchs der Besteller für die während des Nießbrauchs von dem Nießbraucher eingegangenen Geschäftsschulden, wenn er dessen bei Beginn (oder während) des Nießbrauchs mit Zustimmung des Bestellers angenommene von der ursprünglichen verschiedene Firma fortführt. Die herrschende Meinung und RGZ. 133 S. 323 nehmen dasselbe sogar für den Fall an, daß der Besteller die eigene alte Firma weiterführt, sofern nicht etwa der Nießbraucher eine eigene angenommen hatte (letzterenfalls dürfte ersteres nur mehr dann möglich sein, wenn die alte Firma mit dem Namen des Bestellers übereinstimmt). Mit Unrecht, denn der Fall ist dem des § 25 HGB. nicht rechtsähnlich, weil in ihm kein Geschäft erworben, sondern nur von einer darauf ruhenden Last befreit wird (wie hier Dür.-Hachenb.-Hoe. Anm. 37 und das KG. in dem Falle RGZ. 133 S. 323). Auch wird die Erwägung, daß der Besteller kein Mittel haben würde, sich gegen die Haftung zu schützen, mit dem Einwand des RG. (a.a.O.), daß er den Ausschluß schon im (Pacht-) Nießbrauchvertrage vereinbaren könne, in den Fällen letztwillig angeordneten Nießbrauchs nicht ausgeräumt, weil in diesen der Wille des Erblassers maßgebend ist.

Der Nießbraucher kann, auch wenn er die Firma fortführt, seine persönliche Haftung für die bestehenden Geschäftsschulden durch Vereinbarung mit dem Besteller ausschließen und den Ausschluß der Haftung in das Handelsregister eintragen und bekanntmachen lassen oder einzeln jedem Gläubiger mitteilen. Diesen Weg zu beschreiten ist der Nießbraucher, welcher für die schon bestehenden Schulden nicht haften will, immer dann angewiesen, wenn er verpflichtet ist, die Firma fortzuführen; anderenfalls kann er auch eine eigene Firma annehmen und dadurch die Haftung vermeiden.

b) Wählt der Nießbraucher eine eigene Firma, wenn er dazu berechtigt oder gezwungen ist, oder schließt er trotz Fortführung der bisherigen Firma die eigene Haftung auf die angegebene Weise aus, so haftet den Gläubigern das bisherige Geschäftsvermögen weiter. Dies gilt nicht nur von den Sachen, welche Anlagevermögen sind und nicht Eigentum des Nießbrauchers werden, sondern auch von dem Umlaufsvermögen. Während aber die Gläubiger in die Gegenstände des Anlagevermögens ohne weiteres vollstrecken können (§ 1086 BGB.), nachdem sie ein Urteil gegen den Besteller auf Leistung (Zahlung) und gegen den Nießbraucher auf Duldung der Zwangsvollstreckung (§ 737 ZPO.), bzw. die Vollstreckungsklausel gegen den Nießbraucher zu einem schon vor der Bestellung des Nießbrauchs gegen den Besteller ergangenen Urteil (nach §§ 738, 727, 730—732 ZPO.) erwirkt haben, steht ihnen der unmittelbare Zugriff in die Gegenstände des Umlaufsvermögens, welche Eigentum des Nießbrauchers geworden sind, nicht offen (§ 1086 Satz 2 BGB.); sie sind vielmehr darauf angewiesen, auf Grund eines Urteils gegen den Besteller dessen Forderung gegen den Nießbraucher auf Wertersatz zu pfänden und sich zur Einziehung überweisen zu lassen und den Nießbraucher erst noch zu verklagen, wenn er nach diesem Pfändungs- und Überweisungsbeschluß nicht gutwillig zahlt; sie können dann allerdings mit einem solchen Urteil in sein gesamtes Vermögen, also nicht bloß in das Umlaufvermögen des Geschäftes vollstrecken, weil er für die Forderung auf Wertersatz mit seinem Vermögen persönlich haftet; auf diese Weise ergibt sich mittelbar doch seine persönliche Haftung bis zur Höhe des Wertes des in das Eigentum des Nießbrauchers übergegangenen Umlaufvermögens für die vor Bestellung des Nießbrauchs entstandenen Geschäftsschulden auch dann, wenn er die Firma nicht fortführt. (Nach anderer Ansicht soll gleichzeitig mit dem Besteller — oder wenn dieser die Schuld gar nicht bestreitet, auch ohne diesen — der Nießbraucher auf Duldung der Zwangsvollstreckung verklagt und auf Grund eines solchen Duldungstitels die Zwangsvollstreckung in sein Vermögen betrieben werden können. Vgl. Planck Anm. 4 zu § 1086.) Bemerkenswert ist, daß sich der Nießbraucher den Gläubigern gegenüber nicht darauf berufen darf, daß er gegenüber dem Besteller erst nach Beendigung des Nießbrauchs zum Wertersatz verpflichtet sei (§ 1086 S. 2 Halbs. 2). Das hier Ausgeführte gilt auch, wenn zwischen Nießbraucher und Besteller vereinbart ist, daß der erstere die bei Bestellung des Nießbrauchs bestehenden Verbindlichkeiten aus dem Nießbrauchsvermögen zu erfüllen und den letzteren im Rahmen dieser Mittel davon zu befreien hat. Dem Zugriff der Gläubiger bietet sich dann auch dieser Befreiungsanspruch des Bestellers dar.

c) Daß der Nießbraucher vereinbarungsgemäß verpflichtet ist, den Besteller von den Schulden durch Erfüllung aus dem Geschäftsvermögen zu befreien, wird meist anzunehmen, insbesondere ein Nießbrauchsvermächtnis in diesem Sinne auszulegen sein. (Wie hier Dür.-Hach.-Hoe. und Gadow, a. A. Lehmann-Ring und Staub-Bondi.) Auch andernfalls bestünde gegen den Nießbraucher der pfändbare Anspruch des Bestellers nach § 1087 BGB., aus dem Geschäftsvermögen die zur Erfüllung der Schuld erforderlichen Mittel zur Verfügung zu stellen, und nach Abs. 2 bei Gefahr im Verzuge auch das Recht des

Nießbrauchers, die Schuld aus dem Geschäftsvermögen selbst zu erfüllen. Praktisch ist, wenn der Nießbraucher infolge Firmenfortführung nach außen für die Altschulden haftet, undenkbar, daß er nicht kraft Vereinbarung im Innenverhältnis zur Erfüllung aus dem Firmenvermögen ohne weiteres berechtigt sein sollte. (Der dunkle § 1087 Abs. 2 S. 4, der mit § 806, § 1067 1. Halbs. unvereinbar ist, an dessen zweiten Halbsatz er anknüpft, ist unanwendbar.)

d) In allen Fällen, in denen der Nießbraucher bereits bei Nießbrauchsbeginn bestehende Verbindlichkeiten zu erfüllen oder ihre Befriedigung aus dem Nießbrauchsvermögen zu dulden hat, mindert sich um ihren Betrag seine Verpflichtung, bei Beendigung des Nießbrauchs Wertersatz für das übernommene Umlaufvermögen zu leisten; dies gilt natürlich auch dann, wenn er freiwillig die älteren Geschäftsschulden erfüllt (§§ 677, 683 BGB.).

11. Selbstverständlich ist, daß der Nießbraucher für die von ihm während des Nießbrauchs selbst eingegangenen Geschäftsschulden mit seinem ganzen Vermögen haftet; für diese haftet wieder der Besteller nicht; die Gläubiger des Nießbrauchers können sich also nicht an die zum Geschäft gehörigen Gegenstände des Anlagevermögens halten, weil diese ja Eigentum des Bestellers geblieben sind. (Über die Frage, ob nach Beendigung des Nießbrauchs der Eigentümer des Geschäfts für die von dem Nießbraucher eingegangenen Verbindlichkeiten haftet, s. oben S. 22.)

Da das Geschäft als solches zum Anlagevermögen gehört, haftet es den Neugläubigern nicht, auch nicht, soweit es sich durch die Betriebstätigkeit des Nießbrauchers weiter entwickelt hat, weil sich diese Entwicklung von dem alten Zustand nicht trennen läßt. Eine Einzelvollstreckung in das Geschäft als solches kennt das geltende deutsche Recht schon ohnehin nicht. Aber auch im Konkurs des Nießbrauchers kann der Besteller nicht nur die zu dem ihm gehörigen Anlagevermögen rechnenden Vermögensgegenstände, sondern auch das Geschäft als solches aussondern, der Konkursverwalter es nicht veräußern. Aus dem ausgesonderten Anlagevermögen hat er die Altgläubiger wegen ihres Ausfalls zu befriedigen.

Das Aussonderungsrecht des Bestellers hat aber nicht etwa die Bedeutung, daß der Nießbrauch durch den Konkurs des Nießbrauchers endigt, wenn das nicht etwa vereinbart ist. Da auch das Nießbrauchsrecht selbst als unveräußerliches Recht vom Konkurs nicht ergriffen wird und nicht zur Konkursmasse gehört, bleibt der Nießbrauch weiter am Anlagevermögen und dem Geschäft als solchem, soweit es aus der Katastrophe hervorgeht, zugunsten des Nießbrauchers bestehen. Die Konkursmasse besteht nur aus dem Umlaufvermögen und etwa Teilen des Anlagevermögens, welche den Nießbraucher mit eigenen Mitteln angeschafft hat. Diese Masse ist unter die Gläubiger zu verteilen.

Der Nießbraucher, der das Geschäft weiterführen will, und dazu auch verpflichtet ist, steht nun freilich ohne Umlaufsvermögen da. Siehe auch 12 a. E.

12. Wichtig erscheint auch folgende Erkenntnis. Da das Umlaufsvermögen in das Eigentum des Nießbrauchers übergeht, können sich die Gläubiger des Geschäfts aus Rechtsgeschäften des Nießbrauchers an dieses Umlaufsvermögen halten. Es ist erwähnt worden, daß der Nießbraucher dem Besteller des Nießbrauchs den Wert des Umlaufsvermögens zu erstatten hat. Dieser Erstattungsanspruch des Bestellers steht also zwar in einem Wettbewerb mit diesen Geschäftsgläubigern, aber dieser Wettbewerb macht sich erst bei Beendigung des Nießbrauchs geltend; denn früher kann der Besteller die Erstattung nicht fordern. Die Gläubiger aus Altgeschäftsschulden des Bestellers können zwar, wie gezeigt wurde, auf dem Umweg über Pfändung des Erstattungsanspruchs jederzeit Befriedigung von dem Nießbraucher erzwingen, auch dann, wenn dieser die Firma gar nicht fortführt; sie stehen also bis zu einem gewissen Grade gleichberechtigt neben den neuen Gläubigern aus Geschäften des Nießbrauchers. Ihnen kommt § 1086 Abs. 2 Halbs. 2 zu Hilfe. Der Besteller aber zieht gegenüber den Neugläubigern wegen seines Wertersatzanspruchs den kürzeren, wenn er sich nicht eine besondere Sicherheit geben läßt; wo er den unverschuldeten Verlust zu tragen hat (s. unten), ist diese Rangfolge für ihn nur nachteilig, wenn sein Anspruch durch verschuldete Geschäftsverluste oder übermäßige Entnahmen gefährdet ist.

Muß auch im Konkurs des Nießbrauchers der Besteller zusehen, daß das Umlaufsvermögen zur Befriedigung der Neugläubiger verwandt wird, ohne daß er seinen Erstattungsanspruch wegen des Umlaufsvermögens anmelden kann? Der Konkurs beendet zwar den Nießbrauch nicht, aber da er die Fälligkeit auch der nicht fälligen Forderungen herbeiführt, kann der Besteller seine Ersatzforderung anmelden und hat er die Konkursdividende darauf zu empfangen. Nur daß diese neuerdings dem nichtbeendeten Nießbrauch untersteht und also neuem Zugriff der unbefriedigten Gläubiger ausgesetzt ist.

13. Denkbar ist, daß zu einem Handelsgeschäft eine Beteiligung an einem anderen Handelsgeschäft gehört. Diesbezüglich ist auf die späteren Ausführungen über den Nießbrauch an einer Beteiligung an einem Handelsgeschäft zu verweisen.

Bei Konsortialbeteiligungen und Metageschäften hat der Nießbraucher im Innenverhältnis als befugt zur Einziehung der Erträgnisse und des Abwicklungserlöses zu gelten, mit der Folge, daß er Eigentümer hiervon wird und zum Ersatze verpflichtet ist; dagegen nicht zur Kündigung oder Veräußerung, es sei denn, daß ihm durch Vertrag oder Testament eine freie Stellung eingeräumt ist. Seine Stellung nach außen hängt von dem Konsortialvertrag ab (vgl. § 719 BGB.).

14. Sonstige absolute Rechte verbleiben dem Besteller; der Nießbraucher kann sie nutzen, aber vorbehaltlich anderer Vertrags- oder Testamentsauslegung nicht darüber verfügen (§§ 1068 BGB.). Dies gilt von Patenten, Vertragsrechten usw.

15. Der Nießbraucher ist verpflichtet, das Handelsgeschäft als Gegenstand des Nießbrauchs in seinem wirtschaftlichen Bestande zu erhalten (§ 1041); er hat seine wirtschaftliche Bestimmung aufrecht zu erhalten (§ 1036 Abs. 2) und ist nicht berechtigt, es wesentlich umzugestalten und zu verändern (§ 1037 Abs. I).

Sonach kann der Nießbraucher unzweifelhaft nicht aus einer Handlung eine Fabrik machen (§ 1036 Abs. 2, 1037). Dagegen wird § 1037 nicht hindern, daß er einer Handlung eine Werkstätte angliedert, in welcher einige der geführten Artikel selbst hergestellt werden; dies darf nur nicht so weit gehen, daß dadurch der Charakter des Unternehmens sich ändert und der fabrikatorische überwiegt, was ganz andere Existenzvoraussetzungen schaffen würde. Ähnliches gilt natürlich umgekehrt. Es wird z. B. nichts im Wege stehen, daß der Nießbraucher einer Fabrik Verkaufsstätten eröffnet, z. B. einer kosmetischen Fabrik Läden zum Absatz eigener Erzeugnisse, derjenigen Anderer nur, soweit es zur Abrundung des Ladengeschäftes notwendig ist. Der Nießbraucher darf und muß im Rahmen kaufmännischer Sorgfalt einzelne der von ihm geführten bzw. hergestellten Artikel aufgeben und andere derselben Art aufnehmen. Die Grenze, wo die wesentliche Veränderung (§ 1037 Abs. 1) des Handelsgeschäfts und seiner wirtschaftlichen Bestimmung, etwa gar der Abbruch seines wirtschaftlichen Bestandes beginnt, ist wohl schwer allgemein grundsätzlich zu ziehen. Unzulässig erscheint mir, daß der Nießbraucher einer Zuckerfabrik eine damit verbundene Bonbonfabrik wegen ungenügender Rentabilität stillegt, zulässig, daß er eine solche einrichtet, wenn er diese selbst mit dem erforderlichen Rohmaterial ganz beliefern kann. Ähnliches ist zu sagen bezüglich Spinnerei und Weberei. Für unzulässig halte ich ferner z. B., daß der Nießbraucher einer Packpapierfabrik von der Packpapierfabrikation zur Fabrikation von Briefpapier übergeht, wofür ganz andere Maschinen, Rohstoffe, Abnehmer in Frage kommen. Bei derartig radikalem Wechsel würde gerade der „Kern" zerstört. Letzteres wird immer anzunehmen sein, wenn eine irgendwie respektable Stammkundschaft durch den Wechsel geopfert wird. Die Aufgabe einer anderen (vorangehenden oder nachfolgenden) Fabrikationsstufe wird meist unzulässig sein, die Angliederung einer solchen nur dann zulässig, wenn beide Fabrikationsstätten einander selbst genügen. Die Aufgabe eines Teilbetriebs oder einer Zweigniederlassung wird im allgemeinen dem Nießbraucher nicht gestattet sein, weil damit sehr viel „Kern" verbunden ist, es sei denn, daß sie dauernd Verluste bringt und am Mark des Unternehmens zehrt (vgl. 25f).

16. Der Nießbrauch kann der Ausübung nach übertragen werden (§ 1059 BGB.). Daraus folgt, daß der Nießbraucher einen Gesellschafter zur Ausübung des Nießbrauchs aufnehmen kann, da eine Vermögenseinlage auch in nur obligatorischen Rechten, auch dem bloßen Gebrauch bestehen kann, übrigens der OHG. überhaupt nicht wesentlich ist. Es entsteht dann eine offene Handelsgesellschaft oder Kommanditgesellschaft. Die Einlage des Nießbrauchers besteht in dem Recht zur Ausübung des Nießbrauchs und aus dem in sein Eigentum übergegangenen Umlaufsvermögen, belastet mit seinen Geschäftsverbindlichkeiten. Der Nießbraucher kann damit auch eine Kommanditeinlage belegen und darnach auch auf diesem Wege, nicht nur durch Verpachtung (natürlich unter eigener Haftung gegenüber dem Besteller) seiner Gläubigerhaftung entgehen und die Haftung gegenüber dem Besteller auf dem Komplementar abwälzen. Das Umlaufvermögen braucht nicht miteingelegt zu werden. Dann muß der Nießbraucher allerdings eine besondere Hafteinlage übernehmen. Dem Gesellschafter gegenüber aber kann als Einlage das bloße Recht zur Ausübung des Nießbrauchs genügen. Im Verhältnis zum Besteller tritt neben dem Nießbraucher die Gesellschaft gesamtschuldnerisch nur auf, wenn es im Gesellschaftsvertrag bedungen ist, anders bezüglich des aus dem erhalten gebliebenen Eigentum des Bestellers entspringenden Anspruchs auf Rückgabe des Anlagevermögens und des Handelsgeschäfts als solchen bei Nießbrauchsende. Einzelheiten können hier nicht dargestellt werden.

C. Umfang der dem Nießbraucher gebührenden Nutzungen, Reingewinn.

17. Als nächstes ist zu klären, wie sich die Vorteile des Gebrauchs eines Handelsgeschäfts ergeben und in welchem Umfange sie dem Nießbraucher gebühren. Mit einer unmittelbaren Anwendung der Vorschriften des BGB. über die Nutzungen allein kommt man hier nicht aus. Dies rührt davon her, daß eben das BGB. nur von Früchten und Nutzungen einzelner körperlicher Sachen und Rechte, ebenso nur von dem Nießbrauch an einzelnen körperlichen Sachen und Rechten handelt. Der Nießbrauch an einem Handelsgeschäft, der in § 22 (Abs. 2) HGB. erwähnt wird, ist nirgends geregelt. Immerhin gibt

das Gesetz einen ausreichenden Fingerzeig. Für die gesetzliche Nutznießung des Vaters am Vermögen des Kindes bestimmt nämlich § 1652 BGB., daß er die Nutzung des seiner Nutznießung unterliegenden Vermögens in der Weise und in demselben Umfange wie ein Nießbraucher erwerbe, und von einem Erwerbsgeschäft, welches der Vater im Namen des Kindes betreibt, § 1655, daß ihm nur der sich aus dem Betrieb ergebende jährliche Reingewinn gebühre. Nun erhebt sich natürlich zunächst die Auslegungsfrage, ob § 1655 BGB. als Ausnahme von § 1652 BGB. gedacht ist, wo die Vorschriften über den Nießbrauch als anwendbar erklärt werden, woraus sich ergeben würde, daß gerade beim Nießbrauch die von jenen Vorschriften bestimmte Ausnahme nicht gelten kann, oder ob es sich um eine erläuternde Bestimmung handelt, die auf den Nießbrauch, obwohl sie dort nicht ausdrücklich vorgesehen ist, wegen Rechtsähnlichkeit übertragen werden kann, wenn eine solche vorliegt. Dabei treten folgende Erwägungen auf: Da der Vater das Erwerbsgeschäft im Falle des § 1655 im Namen des Kindes betreibt, vollzieht sich jeder Vermögenszuwachs aus Rechtsgeschäften, die im Namen des Kindes abgeschlossen werden, unmittelbar in dessen Vermögen. Aus einer ununterbrochenen Reihe von Rechtsgeschäften und Maßnahmen wird hier unmittelbar das Kindesvermögen vermehrt. Es konnte daher dem Inhaber des elterlichen Nutznießungsrechtes nur ein schuldrechtlicher Anspruch auf die eingetretene Vermögensvermehrung eingeräumt werden, welcher betragsmäßig auf den Reingewinn beschränkt ist. Man kann daher keinesfalls schlechthin mit Staudinger (9. Auflage Anm. 3 zu § 1652, Anm. 1 zu § 1655) sagen, die letztere Bestimmung sei eine Abweichung von den für den Nießbrauch geltenden Vorschriften, woraus sich ergeben würde, daß sie für letzteren nicht gilt und auch auf ihn nicht übertragen werden kann. Richtiger ist es nach dem Gesagten, sie als eine Sonderbestimmung für einen beim Nießbrauch nicht geregelten Fall anzusehen, und es läßt sich daher auch nicht sagen, daß sie als Ausnahme von den Vorschriften über den Nießbrauch für letzteren unanwendbar sei. Allerdings ist für diesen Sonderfall auch ein für den vom Gesetz behandelten Nießbrauch an Sachen und Rechten nicht geltender Begriff, der Reingewinnbegriff eingeführt; dieser ist im Gesetz nicht näher beschrieben, aber mit dem üblichen Gewinnbegriff zu identifizieren. Eine Rechtsähnlichkeit besteht nun freilich gerade, wenn es sich um ein Erwerbsgeschäft handelt, zwischen der elterlichen Nutznießung und dem Nießbrauch nicht. Denn während bei der elterlichen Nutznießung das Vermögen Kindesvermögen bleibt und das Geschäft wenigstens im Falle des § 1655 BGB. im Namen des Kindes betrieben wird, so daß sich jede Vermögensvermehrung unmittelbar am Kindesvermögen vollzieht, und der elterliche Nutznießer aus diesem Grunde auf einen schuldrechtlichen Anspruch angewiesen bleibt, geht beim Nießbrauch das Umlaufsvermögen in das Vermögen des Nießbrauchers über, der zum Wertersatz verpflichtet ist, wird ferner das Geschäft in seinem Namen betrieben und vollzieht sich daher die Vermehrung des Vermögens, welche sich aus den über das Umlaufvermögen im Namen des Nießbrauchers abgeschlossenen Rechtsgeschäften und damit vorgenommenen Maßnahmen ergibt, unmittelbar im Vermögen des Nießbrauchers. Während der väterliche Anspruch auf den Reinertrag ein Geldanspruch ist, obwohl die Vermehrung des Kindesvermögens nur zum geringeren Teil in Geld, zum größeren in anderen Sachgütern bestehen wird, wächst eine Vermögensmehrung dem Nießbraucher unmittelbar zu, der also höchstens umgekehrt zu Erstattungen an den Besteller (Eigentümer des Geschäftes) durch Aufwendungen für dessen pflegliche Erhaltung verpflichtet sein kann, insoweit, als die Vermögensvermehrung nicht nur Reingewinn und das Vermögen des Eigentümers bei der Werbung der Vermögensvermehrung in Mitleidenschaft gezogen ist. Es liegt also keine Rechtsähnlichkeit, sondern nur eine wirtschaftliche Ähnlichkeit vor. Trotzdem wird man mit Modalitäten den Reingewinnbegriff auch hier anzuwenden haben und dies auch rechtlich begründen können.

Es wurde mehrfach erwähnt, daß ein Handelsgeschäft nicht die Summe der ihm gewidmeten Sachgüter und Rechte, sondern als solches ein einheitlicher Gegenstand körperlicher Art ist. Für Nutzungen und Früchte eines Gegenstandes, der nicht körperliche Sache oder Recht ist, hat das Gesetz eine Begriffsbestimmung nicht gegeben. Man kann nun sagen, daß die ergänzende im Gesetz nicht vorhandene Bestimmung für jeden derartigen Gegenstand aus seiner Natur gewonnen werden müsse, oder versuchen, die vorhandenen gesetzlichen Bestimmungen „sinngemäß“ anzuwenden.

Bei dem hier erörterten Problem führen beide Wege zu demselben Ziel; denn zunächst ist klar, daß ein aus der Natur des Handelsgeschäftes abgeleiteter Nutzungsbegriff nur zum Reingewinn führen kann.

Würde man §§ 99, 100 BGB., die nur von körperlichen Sachen und von Rechten handeln, sinngemäß anwenden, so käme man dahin zu sagen, Früchte (§ 99 BGB.) eines Handelsgeschäfts sind die Ausbeute oder, wenn man es abweichend von der hier vertretenen Ansicht zu einem Recht in Parallele setzt, die Erträge, die es seiner Bestimmung gemäß gewährt (vgl. KRR. Anm. 2 zu § 99 BGB.). Daß § 99 BGB. unter Ausbeute und Ertrag die Bruttoausbeute und den Bruttoertrag versteht, ist nach dem Text nicht zu verkennen, so daß aus den Worten „der Bestimmung gemäß“ keine Einschränkung auf Reinausbeute oder Reinertrag abgeleitet werden kann, die zwar seiner Natur nach auf ein Handelsgeschäft, aber nicht auf eine körperliche Sache oder ein Recht, wovon § 99 BGB. spricht, passen würde. Früchte im Sinne des

(§ 99) BGB. sind die Erträgnisse eines Handelsgeschäftes zweifellos ebensowenig wie im Sinne des allgemeinen Sprachgebrauchs, wohl aber fallen sie unter den weiteren Begriff der Nutzungen, der auch die „Vorteile des Gebrauchs" umfaßt (§ 100 BGB.), welche der Nießbraucher nach § 1030 BGB. zu ziehen berechtigt ist. Aber auch § 100 BGB. — unklar, wie die Vorschrift nun leider ist —, läßt offen, ob Brutto- oder Nettovorteile gemeint sind, so daß aus dem Begriff der Nutzungen nicht klarzustellen ist, ob der Substanzverbrauch von den Vorteilen des Gebrauchs, welche dem Nießbraucher gebühren, abzuziehen ist oder nicht. Die Begriffe Früchte und Nutzungen lassen also im Stich. Es gilt zu ermitteln, was die Einzelbestimmungen über den Nießbrauch bezüglich des grundsätzlichen Standpunkts des Gesetzes ergeben.

Nach RG. in JW. 1937 Seite 462 sollen die gesetzlichen Bestimmungen über den Nießbrauch erkennen lassen, daß dem Nießbraucher nur der Reinertrag zusteht, was aber für den Nießbrauch an einzelnen körperlichen Sachen nicht voll zutrifft, weil für deren ordnungsmäßige Abnützung oder gar natürliches Vergehen der Nießbraucher keinen Ersatz zu schaffen hat (§ 1050 BGB.); der Nießbraucher einer einzelnen Kuh braucht sie nur zu erhalten und zu füttern, aber sie, wenn sie alt, unfruchtbar und unergiebig wird, nicht zu ersetzen. Hingegen ist für ein Inventarstück, das zusammen mit einem Grundstück Gegenstand eines Nießbrauchs ist, die an einem solchen Rechtsgedanken anklingende Sondervorschrift des § 1048 BGB. gegeben, wonach für den gewöhnlichen Abgang und die nach den Regeln einer ordentlichen Wirtschaft auszuscheidenden Stücke auf Kosten des Nießbrauchers Ersatz zu schaffen ist. Die von der Gesetzesstelle gemachte Voraussetzung, daß mit dem Inventar ein Grundstück Gegenstand des Nießbrauchs ist, scheint anzudeuten, daß sie in erster Linie an die Landwirtschaft und an Vieh denkt, das sich aus seinen eigenen Früchten (Jungen) ergänzt; mindestens paßt sie aber auch auf eine Fabrik, sei es, daß sie in eigenen Fabrikgebäuden und auf eigenem Grundstück — in diesem Falle wohl zweifellos — sei es, daß sie in gemieteten oder gepachteten Räumen oder Gebäuden oder auf gemietetem oder gepachtetem Grundstück betrieben wird, denn auch ein Miet- und Pachtrecht kann Gegenstand eines Nießbrauchs sein, und, wenn auch vielleicht dem Wortlaut, tut es keinesfalls dem Sinn der Stelle Gewalt an, auch dann von einem „Grundstück" zu sprechen, das Gegenstand des Nießbrauchs ist. (Übrigens ist die Verpflichtung des Nießbrauchers der Höhe nach nicht durch den Wert, den das abgegangene Stück bei Nießbrauchsbeginn hatte, oder durch die Höhe der Erträgnisse begrenzt.) Soweit nicht unmittelbar die Stelle, trifft ihr gesetzgeberischer Gesichtspunkt, daß die Gegenstände des Inventars und das Grundstück einander und dem Ganzen dienen, auch auf ein Handelsgeschäft zu, so daß er und die daraus in § 1048 BGB. gezogene Folgerung auf ein solches übertragen werden kann (s. auch Mot. III 512).

Überdies stößt der für den Nießbrauch an einer einzelnen Sache gegebene § 1050 sich an dem Grundsatz des § 1041 BGB., wonach der Nießbraucher für Erhaltung der Sache in ihrem wirtschaftlichen Bestande zu sorgen und Ausbesserungen und Erneuerungen vorzunehmen hat, soweit sie zur gewöhnlichen Unterhaltung der Sache gehören. Für Wirtschaftseinheiten, die das (geltende) Recht als solche übernimmt und zum Gegenstand seiner Bestimmungen macht und schützt, also für ein Handelsgeschäft (s. 1) ergibt die sinngemäße Anwendung dieser nach ihrem Wortlaut unmittelbar für eine körperliche Sache erlassenen Vorschrift, daß das wirtschaftliche Wesen des Handelsgeschäfts in seinem Bestande zu erhalten ist; das geht über die Erhaltung, Ausbesserung, Erneuerung, gewöhnliche Unterhaltung der einzelnen dazugehörigen Sachen weit hinaus, denn das wirtschaftliche Einheitswesen kann seine Zellen überleben, wenn nur diese sich ersetzen. Aus dieser Verpflichtung, für die Erhaltung der Sache in ihrem wirtschaftlichen Bestande zu sorgen, folgt, daß der Nießbraucher eines Landguts es bestellen muß, auch dann, wenn die Wirtschaft unrentabel ist, daß der Nießbraucher einer Herde nicht alle Jungtiere schlachten und essen oder veräußern darf, sondern die Muttertiere aus ihnen ergänzen und ersetzen und deshalb die letzteren zur Sicherung der Aufzucht einem männlichen Tier zuführen muß, daß der Nießbraucher eines Gemüsegartens den Boden düngen muß und nicht verarmen lassen darf. Man kann daher für den Nießbraucher an einem Handelsgeschäft zwanglos auch aus dieser Bestimmung ableiten, daß der Nießbraucher den Ertrag nur beziehen darf, soweit er Reingewinn ist und nicht dazu benötigt wird, die notwendige Erneuerung durch Ersatz von mechanischem oder technischem Abgang vorzunehmen, dies obwohl er als Nießbraucher bloß der einzelnen Maschine nicht dazu verpflichtet wäre. Endlich ist in § 1039 BGB. anerkannt, daß die Regeln der ordnungsmäßigen Wirtschaft für den Fruchtbezug maßgebend sind, und daß der Nießbraucher Früchte, welche er den Regeln einer ordnungsmäßigen Wirtschaft zuwider, wenn auch ohne Verschulden, im Übermaße zieht, zu ersetzen und den Gegenwert zur Wiederherstellung des Gegenstandes zu verwenden hat. Auch hier ist nur von Früchten und nicht von den Vorteilen des Gebrauchs die Rede. Aber dies beruht eben nur darauf, daß das Gesetz den Nießbrauch am Erwerbsgeschäft nicht behandelt. Hier aber handelt es sich gerade darum, aus den für den Nießbrauch an Sachen und Rechten gegebenen Vorschriften zu ermitteln, was entsprechend für den Nießbrauch am Erwerbsgeschäft zu gelten hat. Es ist daher kein Bedenken dagegen gegeben, den Grundsatz des § 1039 BGB. auch auf Vorteile anzuwenden, die der Gebrauch eines Handelsgeschäfts gewährt. Salva rerum substantia ist die allgemeine Schranke, welche sich gegen das Nutzungsrecht des Nießbrauchers aufrichtet und es ist kein Grund zu erkennen, warum diese nicht auch die Wirtschaftseinheit Handelsgeschäft, an der ein Nießbrauch besteht, gegen das Interesse des Nießbrauchers, sie auszubeuten, schützen sollte.

So ergibt nicht nur ein aus der Natur des Gegenstandes abgeleiteter besonderer Nutzungsbegriff, sondern auch die sinngemäße Anwendung der für den Nießbrauch gegebenen Vorschriften, daß dem Nießbraucher eines Handelsgeschäfts nicht mehr als der Reingewinn im Sinne ordnungsmäßiger Wirtschaft gebührt.

Überdies führt für den rechtsgeschäftlichen Nießbrauch die Auslegung des Nießbrauchvertrages, der in einen dinglichen und einen schuldrechtlichen Teil zerfällt, dazu, festzustellen, daß der Nießbraucher nur denjenigen Teil der Vermögensvermehrung (des Rohgewinnes) behalten darf, der nicht erforderlich ist, um Ersatz für Abgänge und Verschleiß zu schaffen und das Handelsgeschäft als solches überhaupt in seinem wirtschaftlichen Bestande zu erhalten. Zu demselben Ergebnis führt für einen vermachten Nießbrauch die Auslegung des Testaments. Auf Inhalt und Umfang dieser Verpflichtung des Nießbrauchers ist § 242 BGB. anzuwenden, d. h. es entscheidet darüber Treu und Glauben und die Rücksicht auf die Verkehrssitte, und zwar auf die kaufmännische. Die Beteiligten, im Falle des vermachten Nießbrauches auch der Erblasser werden freilich gut daran tun, diesen Punkt möglichst eingehend zu regeln. Mangels ausdrücklicher Bestimmungen wird im einzelnen folgendes zu gelten haben:

D. Einzelnes.

18. Es liegt im Begriff des Reingewinns, daß darunter verstanden wird, was übrig bleibt, wenn alle Aufwendungen gemacht sind, die erforderlich sind, um das Handelsgeschäft als Erwerbsquelle dauernd in seinem Bestande zu erhalten. Das gilt zunächst schon von seinem ideellen Bestand. Der Nießbraucher muß also die zu diesem Ziel erforderlichen Aufwendungen für Reklame, für Kundenwerbung und die Organisation des Geschäftes vorweg bestreiten, ehe er den Erträgnissen des Geschäftes Beträge für sich selbst entnimmt; es wäre nicht zulässig, daß er etwa, weil voraussichtlich sein Nießbrauch nur kurze Zeit dauern wird, die auf lange Sicht unerläßliche Reklame einstellt, weil er auf diese Weise persönlich besser fährt. Dieselben Grundsätze gelten für das sonstige, körperlich greifbare Anlagevermögen, insbesondere auch die Maschinen. §§ 1050, 1048 BGB. sind insoweit nicht

anwendbar, als sie die Verpflichtungen des Nießbrauchers begrenzen. Der Besteller braucht sich nicht gefallen zu lassen, daß die einzelnen, zum Anlagevermögen gehörigen Sachen durch ordnungsmäßige Ausübung des Nießbrauchs ersatzlos abgenützt, und daß Ausbesserungen und Erneuerungen nur insoweit vorgenommen werden, als sie zu der gewöhnlichen Unterhaltung der einzelnen zum Anlagevermögen gehörigen Sachen gehören. Vielmehr ist zur Erhaltung des Handelsgeschäfts als solchen in seinem wirtschaftlichen Bestande erforderlich, daß die Gegenstände des Anlagevermögens über den Rahmen der erwähnten Bestimmungen hinaus erneuert und ausgebessert werden. Auf sie sind daher regelmäßig Abschreibungen vorzunehmen, welche ihre vollständige Erneuerung und Ergänzung (vgl. § 1048 BGB.), ja, auch ihren Ersatz durch technisch vollkommenere Stücke möglich machen, wenn technische Neuerungen erscheinen und ihre Anschaffung erforderlich wird, um die Wettbewerbsfähigkeit des Geschäftes sicherzustellen, ohne die es als dauernde Erwerbsquelle nicht erhalten werden kann. Hierin zeigt sich, daß das Handelsgeschäft als solches nicht identisch mit der Summe der ihm gewidmeten Sachgüter und Rechte und der Nießbrauch an ihm nicht bloß ein Nießbrauch an einzelnen Sachgütern und Rechten, sondern an einer Einheit ist, die durch einen bestehenden Zustand individualisiert und bestimmt ist.

19. Immerhin ist der kaufmännische Reingewinnbegriff nicht uneingeschränkt anzuwenden. So läßt sich nicht begründen, daß der Nießbraucher bloße Werteinbußen am Anlagevermögen, welche den Verkehrswert mindern, ohne daß der Gebrauchswert verringert wird, aus dem ihm zustehenden Betriebsergebnis auszugleichen hätte. Denn er hat nicht das Vermögen des Bestellers, sondern den belasteten Gegenstand zu erhalten. Abschreibungen (oder Rückstellungen für die Erneuerung) auf Wertpapiere, die dem Geschäft dauernd gewidmet sind, und zum Anlagevermögen gehören, oder auf Beteiligungen, braucht der Nießbraucher zu seinen Lasten nicht zu machen, auch dann nicht, wenn die Wertpapiere oder die Beteiligung sich entwerten (anders natürlich, wenn er darauf Liquidationsausschüttungen empfängt). Dasselbe gilt von Abschreibungen auf Patente und Erfindungen, wenn diese dem Besteller des Nießbrauchs bei Beginn des Nießbrauchs zu Buche gestanden haben sollten. Es liegt hier zwar in der Natur der Sache, daß sie ablaufen und veralten, und also daß der Besteller die Aufwendungen für den Erwerb der Erfindung oder des Patentes aus seinem Vermögen in der Voraussicht gemacht hat, daß die Erträgnisse diese Aufwendungen decken und die Wiederauffüllung seines Vermögens gestatten werden; zieht der Nießbraucher die Erträgnisse ohne das Vermögen wieder aufzufüllen, so hat er sozusagen auf Kosten des Vermögensbestandes des Nießbrauchbestellers gelebt. Aber letzterer

Gesichtspunkt ist hier nicht entscheidend: denn beim gewöhnlichen Nießbrauch an einer Sache ist es ebenso, insbesondere ist es ebenso beim gewöhnlichen Nießbrauch an einem Patent, und es braucht dieser Fall unter dem Gesichtspunkt, daß es sich um Gegenstände handelt, die zu einem Handelsgeschäft gehören, welches als Erwerbsquelle erhalten werden muß, nicht anders beurteilt zu werden, weil sich ja die Patente und Erfindungen dadurch nicht erhalten oder erneuern lassen, daß sie zu Lasten des Reingewinns abgeschrieben werden. Die Abschreibung würde also nicht Erhaltung des belasteten Gegenstandes, sondern reine Vermögenserhaltung sein, wozu der Nießbraucher nicht verpflichtet ist. Besonders, wenn es sich um ein Patent handelt, welches ausschließlich durch Vergebung von Lizenzen genutzt wird, kann es sein, daß der Nießbraucher alle Lizenzeingänge während der ganzen Dauer des Patents erhält, der Eigentümer nichts, ja, daß letzterem sogar ein etwaiger Buchwert des Patents ersatzlos verloren geht; aber das ist z. B. beim Nießbrauch an einer Leibrente oder sonstigen zeitlich beschränkten Rechten auf wiederkehrende Leistungen nicht anders (§ 1073 BGB.). Dagegen macht sich der erwähnte Gesichtspunkt dennoch in anderer Beziehung geltend. Denn wohl wird, wenn das Geschäft auf derartigen Erfindungen beruht und aufgebaut ist (z. B. ein Unternehmen der chemischen Industrie), der Nießbraucher verpflichtet sein, fortlaufend Aufwendungen für neue Erfindungen und Verbesserungen der vorhandenen zu machen; denn dabei handelt es sich um die Erhaltung des belasteten Gegenstandes, seines Vorsprungs vor Wettbewerbern und seines Rüstzeugs im Wettbewerbskampf.

20. Nur solche Abschreibungen muß der Nießbraucher machen, welche der Abnutzung der Gegenstände des Anlagevermögens während seines Nießbrauchs entsprechen; standen sie bei Nießbrauchbeginn zu hoch zu Buch, weil bis dahin ausreichende Abschreibungen unterlassen worden waren, so braucht er sie nicht nachzuholen (über Maschinen s. S. 35). Andererseits darf er Abschreibungen auf ein Aktivum nicht deshalb unterlassen, weil es schon voll abgeschrieben war.

21. Selbstverständlich ist, daß der Nießbraucher die Zinsen der dem Geschäft gewidmeten fremden Kapitalien zu tragen hat. Dies ergibt sich sowohl aus dem Begriff des Reingewinns, wie aus der ohne weiteres anwendbaren Vorschrift des § 1047 BGB. Satz 2; soweit letztere Vorschrift weiter geht, wird man sie gleichfalls anwenden müssen, obwohl eine wirtschaftliche Begründung dafür fehlt.

22. Hat das Geschäft einen stillen Gesellschafter, so gehen dessen Zinsen und Gewinnanteile zu Lasten der dem Nießbraucher zufließenden Erträge.

23. Die Steuern (vgl. hiezu 10b) hat der Nießbraucher nach Maßgabe des § 1047 Abs. 1 BGB. zu tragen, also selbstverständlich die Gewerbe- und Grundvermögenssteuer. Die allgemeine Vermögenssteuer hat der Nießbraucher zu tragen, soweit sie vom Nießbrauch erhoben wird, der Eigentümer soweit sie erhoben wird, von dem Werte des Vermögens nach Abzug des Nießbrauchs. (Ebenso Boesebeck in seiner Anm. zu der abweichenden Entscheidung des RG. in JW. 1937 S. 462.)

24. Wie es am Anlagevermögen Werteinbußen gibt, welche der Nießbraucher nicht auszugleichen hat, so können am Anlagevermögen Gewinne entstehen, welche nicht dem Nießbraucher gebühren. (Über die bei Nießbrauchbeginn auf dem Umlaufvermögen liegenden stillen Rücklagen s. 7.) So ist es nicht zulässig, daß er den Buchwert von Gegenständen des Anlagevermögens einer (Wert-) Preissteigerung halber heraufsetzt und einen Gewinn ausweist, der nicht im Betriebe entstanden ist. Entnimmt er ihn, macht er sich ersatzpflichtig; dies ergibt sich freilich auch schon daraus, daß er die Entnahme nur aus dem Umlaufvermögen machen kann, für das er ohnedies wertersatzpflichtig ist. So gebührt auch der Erlös für einen Gegenstand des Anlagevermögens dem Eigentümer, auch wenn er höher als der Buchwert ist. Dies ist bei Beteiligungen und Wertpapieren des Anlagevermögens, bei Grundstücken, worauf der Nießbraucher keine Abschreibungen zu machen hat, selbstverständlich, weil sie dem Besteller gehören. Der Eigentümer wird auch die Zustimmung zur Veräußerung nicht unter anderen Bedingungen geben. Da auch der Eigentümer derartige Gegenstände ohne Zustimmung des Nießbrauchers nicht veräußern kann, wenigstens nicht anders als mit dem Nießbrauch belastet, so wird auch der Nießbraucher seine Zustimmung zur Veräußerung nur unter der Bedingung erteilen, daß ihm an dem Erlös oder an dem angeschafften Ersatzstück der Nießbrauch bestellt wird; denn da der Erlös dem Eigentümer zufließt, kann es sich nicht anders abspielen, als daß mit dem Erlös angeschaffte Ersatzstücke wieder sein Eigentum werden. Anders ist es zum Teil beim Verkauf von Gegenständen des Anlagevermögens, auf welche der Nießbraucher Abschreibungen zu machen hatte. Bei dem Verkauf solcher wird es sich meist um Inventarstücke handeln, über die der Nießbraucher zu verfügen berechtigt ist, die aber dem Grundsatz der Surrogation nach § 1048 BGB. unterliegen, so daß die Ersatzstücke ohne weiteres Eigentum des Nießbrauchbestellers werden (vgl. 3), belastet mit dem Nießbrauch. Hierher gehören insbesondere die Maschinen. Der Erlös für das verkaufte Stück gebührt zwar auch hier dem Eigentümer, aber der Nießbraucher darf ihn und muß ihn sogar zur Beschaffung eines Ersatzstückes verwenden. Es ist nicht wohl denkbar, daß der Erlös

für das verkaufte Stück höher ist, als der Kaufpreis für das Ersatzstück, wohl aber daß er höher ist, als der Buchwert. Man setze folgenden Fall: Eine Maschine, welche einen Neuanschaffungswert von 50 000.— DM. hat, hat bei der Bestellung des Nießbrauchs mit DM. 35 000.— zu Buch gestanden. Der Nießbraucher schreibt in weiteren 6 Jahren noch DM. 30 000.— ab. Sie wird dann verkauft um DM. 15 000.—, also DM. 10 000.— über dem Buchwert. Es wird eine neue Maschine angeschafft, welche wieder 50 000.— DM. kostet. Wem kommen die 10 000.— DM. zugute, die die Maschine bei ihrer Veräußerung über ihren Buchstand in diesem Augenblick hinaus erbracht hat? Dem Eigentümer, wenn der Übererlös auf reinen Konjunkturgründen beruht. Beruht er aber darauf, daß die Abschreibungen zu hoch waren, weil ihnen eine zu kurze Lebensdauer der Maschine zugrunde gelegt war, und haben Eigentümer und Nießbraucher jährlich gleichviel abgeschrieben, so kann man mit einigem Recht den Übererlös unter sie nach dem Verhältnis der von jedem vollbrachten Abschreibungen aufteilen, also ein Drittel dem Eigentümer, zwei Drittel dem Nießbraucher zusprechen; denn in letzterer Höhe hat der Nießbraucher die ihm zustehenden Nutzungen in den vorangegangenen Jahren ohne Verpflichtung geschmälert. — Zur Anschaffung des neuen Stückes stehen zur Verfügung: DM. 30 000 Abschreibungen des Nießbrauchers, DM. 5000.— Buchwert des alten Stücks und DM. 3333.57 dem Besteller zufließender Teil des Übererlöses für das alte Stück, fehlen also noch DM. 11 666.67. Dieser Betrag geht zu Lasten des Bestellers; der Nießbraucher hat ihn zwar aufzuwenden, schuldet aber entsprechend weniger an Umlaufsvermögen: dieser Rechtslage entspricht auch die Verschiebung innerhalb der Aktivseite der Bilanz. (Wäre kein Übererlös erzielt worden, hätten die 15 000.— DM., die schon der Eigentümer abgeschrieben hatte, voll aufgewandt werden müssen und würde sich die Schuld des Nießbrauchers am Umlaufsvermögen durch diesen Mehraufwand um diesen vollen Betrag von 15 000.— DM. vermindert haben.)

Sollte das bei Nießbrauchbeginn vorhandene Umlaufvermögen zur Deckung des Betrages von DM. 11 666.67 nicht ausreichen, so muß gleichwohl der Nießbraucher den Betrag zuschießen (wenn er nicht den Nießbrauch aufgibt), kann sich aber aus den künftigen Abschreibungen erholen, durch die er ja Umlaufsvermögen ansammeln, das er zur Rückzahlung seines Zuschusses verwenden kann. Ist der Aufwand, den der Nießbraucher aus eigenen außerbetrieblichen Mitteln oder ihm gehörigen Früchten des Betriebes macht, bei Beendigung des Nießbrauchs nicht getilgt, so liegt eine Verbesserung vor, die der Betrieb während des Nießbrauchs erfahren hat. (Hierüber s. S. 54.) Ebenso liegt es im Schlußergebnis, wenn Maschinen bei Nießbrauchbeginn zufolge unzureichender Abschreibungen zu hoch zu Buch gestanden hatten. Dagegen selbstverständlich umgekehrt, soweit die Abschreibungen des Nießbrauchers unzulänglich waren; das Manko hat er zu tragen (ersetzen).

E. Der Verlust.

25. Ich gehe jetzt zu der wichtigsten Frage über, wer im Innenverhältnis den Verlust zu tragen hat, der während des Nießbrauchs entsteht, wobei an den bilanzmäßigen Verlust nach Vornahme aller erforderlichen Abschreibungen und Rückstellungen gedacht ist. Der Verlust kann in der Eigenart des mit dem Nießbrauch belasteten Unternehmens begründet sein, sei es, daß es schon wegen seiner gewerblichen oder handelsmäßigen Ausrüstung nicht wettbewerbsfähig ist, sei es, daß es falsch organisiert ist. Es kann auch sein, daß auf dem Waren- oder Rohstofflager, welches in das Eigentum des Nießbrauchers übergeht, schon bei der Bestellung des Nießbrauchs wegen rückläufiger Preise ein Verlust ruht. Selbst wenn der Preisrückgang erst nach Bestellung des Nießbrauchs einsetzt, kann, wenn das Lager bei Beginn des Nießbrauchs übermäßig groß war, der Keim für den Verlust schon bei der Bestellung des Nießbrauchs vorgelegen haben. Dies kann auch der Fall sein, ohne daß das Unternehmen bei Beginn des Nießbrauchs zu große Läger hatte. Es habe z. B. eine Fabrik für Fahrradreifen und Schläuche bei Beginn des Nießbrauchs ein ihrem Umsatz durchaus angemessenes Lager an Rohgummi; ja, die Produktion sei bei Abschluß des Nießbrauchs für lange Zeit vollständig verschlossen, so daß also das Rohstofflager als verarbeitetes schon weiterverkauft ist. Es ist aber auf dem Weltmarkt ein Preissturz für Rohgummi im Gange, was in diesem Artikel nicht selten ist. Rein rechtlich bräuchte das Unternehmen nicht davon betroffen zu werden, da es ja seine Produktion zu festen Preisen schon verkauft hat. Tatsächlich aber muß der Fabrikant in solchen Fällen sogar solchen Abnehmern entgegenkommen, an die er fest verkauft hatte, und die wirtschaftlich wohl in der Lage wären, den Verlust hinzunehmen. Der Verlust kann aber seine Ursache auch in Konjunkturrückschlägen oder Geschäftsvorfällen haben, welche nach der Bestellung des Nießbrauchs eintreten. Soweit ein Verschulden des Nießbrauchers vorliegt, hat er den Verlust natürlich ebenso zu tragen, wie wenn der Substanzverbrauch auf übermäßigem Fruchtbezug, d. h. zu großen Entnahmen des Nießbrauchers beruht; aber davon soll hier nicht die Rede sein. Zur Erörterung steht vielmehr der Verlust, welcher ohne Verschulden des Nießbrauchers entsteht.

Die Frage, wer einen solchen Verlust zu tragen hat, ist seltsamerweise in dem mir bekannten Schrifttum meist nicht behandelt. Unmittelbar aus ausdrücklichen Bestimmungen des BGB. läßt sich die Antwort nicht entnehmen, weil es von dem Nießbrauch an einem Erwerbsgeschäft nicht handelt und beim Nießbrauch an Sachen selbstverständlich (mangels Verschuldens) der Eigentümer die Gefahr des zufälligen Unterganges (oder der Uneinbringlichkeit) trägt, im übrigen nur die natürliche Abnutzung in Frage kommt. Allerdings hat nach RG. 72 S. 101 JW. 1937 S. 462 der Nießbraucher die Aufwendungen für die Erhaltung der Sache und für die Bestreitung der öffentlichen und privaten auf den Stammwert gelegten Lasten auch dann zu tragen, wenn die Früchte nicht ausreichen. Damit läßt sich aber ein Geschäftsverlust der geschilderten Art nicht vergleichen. Von einem Erwerbsgeschäft spricht BGB. nur bei der väterlichen Nutznießung; § 1655 BGB. schreibt vor, daß der Vater, wenn bei dem im Namen des Kindes betriebenen Erwerbsgeschäft ein Verlust eintritt, früher gezogene Gewinne nicht zu erstatten hat, aber spätere Gewinne erst wieder beziehen darf, wenn der Verlust gedeckt ist. Hier wird also vorausgesetzt, daß ein Verlust vom Kind zu tragen ist und nur zu dessen Gunsten bestimmt, daß er den Anspruch des elterlichen Nutznießers auf den Gewinn künftiger Jahre schmälert; die Voraussetzung ergibt sich folgerichtig aus der für den Nießbrauch nicht zutreffenden Unterstellung, daß das Erwerbsgeschäft im Namen des Kindes geführt wird. Für die Nutznießung des Ehemannes an einem zum eingebrachten Gut gehörigen (und nicht von der Frau selbst betriebenen) Erwerbsgeschäft ist etwas gleiches nicht bestimmt. Dem wie vorstehend unterstellten Falle der elterlichen Nutznießung am Geschäft des Kindes gleicht dieser Fall dann, wenn der Mann das Geschäft im Namen der Frau (mit ihrer Vollmacht, so daß er sie auch verpflichten kann) betreibt. Der Nießbrauch am Erwerbsgeschäft und der Fall, daß der Ehemann das Geschäft der Frau im eigenen Namen betreibt, ist von vorstehenden Fällen verschieden. Auch untereinander lassen sich letztere Fälle nicht vergleichen, weil die eheliche Schicksalsgemeinschaft immerhin ein anderes Verhältnis ist als das Verhältnis zwischen Nießbraucher und dem ihm rechtlich fremden Eigentümer. Außerdem besteht zwischen elterlicher und ehemännlicher Verwaltung einer- und Nießbrauch andererseits auch der Unterschied, daß der Ehemann zur Verwaltung des Kindes- bzw. Frauenvermögens verpflichtet ist, während es eine Verpflichtung, sich einen Nießbrauch bestellen zu lassen, nicht gibt. Der Nießbraucher kann den Nießbrauch einseitig aufgeben, Vater und Ehemann können es nicht. Man dürfte die Frage bei der ehemännlichen Nutznießung, wenn der Mann das Geschäft mit Vollmacht der Frau in ihrem Namen führt, billigerweise nach dem Vorbild des § 1655 BGB. entscheiden können.

Bei dem Nießbrauch entscheiden natürlich zunächst vertragliche oder letztwillige Bestimmungen über diesen Punkt. Sind solche nicht getroffen, so handelt es sich gleichwohl darum, den mutmaßlichen Parteiwillen bzw. Erblasserwillen zu ermitteln; hierauf komme ich zurück. Mangels feststellbaren abweichenden Parteiwillens ergibt sich für den Nießbrauch bezüglich des Verlustes mittelbar folgende gesetzliche Regelung, die teilweise schon in den obigen Ausführungen über den Umfang, in welchem Abschreibungen den Nießbraucher belasten, zum Ausdruck gekommen ist; über diesen Umfang hinaus hat der Nießbraucher selbstverständlich den Verlust nicht zu tragen, der sich aus der Notwendigkeit solcher Abschreibungen ergibt.

a) Die Gefahr zufälligen Unterganges des Geschäftes oder einzelner dazugehöriger Gegenstände (etwa durch feindlichen Einbruch usw.) wird immer den Eigentümer treffen; das gilt von allen unverschuldeten, sich unmittelbar gegen den Bestand des Geschäfts richtenden Schicksalsschlägen. Reine Werteinbußen des Geschäftes oder einzelner Gegenstände des Anlagevermögens, die nicht auf Abnutzung oder dergleichen beruhen, hat der Nießbraucher nicht zu tragen; denn er hat, wie schon erwähnt, nicht das Vermögen des Eigentümers, sondern den Gegenstand des Nießbrauchs in seinem wirtschaftlichen Bestande zu erhalten und haftet hiebei nur für die Sorgfalt eines ordentlichen Kaufmanns. In diesen Kreis von Fällen gehört eine Entwertung, die dadurch verursacht wird, daß durch ein unverschuldetes Ereignis oder eine unverschuldete Entwicklung, z. B. neue Erfindungen, Abkehr der Verbraucher von den Erzeugnissen oder Artikeln des Unternehmens, Veränderungen in der Gunst der Verkehrslage usw. dic Grundlagen des Unternehmens erschüttert werden, oder daß durch behördliche Eingriffe die freie wirtschaftliche Betätigung des Unternehmens gehemmt wird. Für derartige Werteinbußen des Handelsgeschäfts als solchen braucht der Nießbraucher weder aus den laufenden Erträgnissen noch überhaupt Ersatz zu leisten. Hier liegt unverschuldete wirtschaftliche Unmöglichkeit der Erhaltung vor. Anders, wenn er die Werteinbuße verschuldet, z. B. die bei kaufmännischer Sorgfalt anwendbaren Mittel nicht anwendet, um den Wirkungen solcher Ereignisse oder Entwicklungen zu begegnen oder etwa die geschuldete fortdauernde Werbung unterläßt, ein Patent verfallen, Geschäftsgeheimnisse offenbar werden läßt oder durch schlechte Geschäftsführung die Kundschaft in die Arme eines Wettbewerbers treibt. Daß er in solchen Fällen für die Werteinbuße einzustehen hat, die das Handelsgeschäft als solches erleidet, ist selbstverständlich.

b) Ebenso aber auch, daß der Nießbraucher alle echten Betriebsverluste zu tragen hat.

Zunächst drängt sich schon der Gesichtspunkt auf, daß es unbillig wäre, wenn der Eigentümer, der ja das Geschäft nicht betreibt und der während der Dauer des Nießbrauchs keine Chance und keinen Anteil an Konjunkturgewinnen hat, mögen diese auch noch so groß sein, der ferner keinen Einfluß auf die Geschäftsführung ausüben kann, dennoch das ganze Risiko zu tragen haben sollte. Die entsprechende Anwendung der Bestimmung des § 1655 BGB., daß die eingetretenen Verluste aus den späteren Gewinnen vorweg zu decken sind, würde allein diesem Gedanken noch nicht gerecht. Von dieser gefühlsmäßigen Beurteilung und dem Mangel jeglichen Rechtsgrundes abgesehen, aus dem der Eigentümer einen Betriebsverlust zu tragen haben sollte, ergibt, daß dieser den Nießbraucher trifft, sich daraus, daß der Nießbraucher dem Eigentümer gegenüber verpflichtet ist, das Handelsgeschäft als solches, welches der Gegenstand des Nießbrauchs ist, in seinem wirtschaftlichen Bestande zu erhalten (soweit die Erfüllung dieser Verpflichtung nicht wie in den oben angegebenen Fällen ohne sein Verschulden unmöglich wird), und daß er nach § 1067 BGB. verpflichtet ist, den Wert des Umlaufvermögens am Nießbrauchbeginn bei Nießbrauchende zu ersetzen. (Ich sehe keinen Grund mit Pisko Ehr.Handb. Teil 2 S. 220 den § 1067 für den Nießbrauch an einem Erwerbsgeschäft als grundsätzlich unanwendbar anzusehen, wenngleich sich, wie nachstehend erörtert, Modifikationen ergeben.) Danach hat der Eigentümer die Gefahr des Untergangs durch Zufall oder höhere Gewalt und der durch Zufall oder höhere Gewalt verursachten Werteinbußen des Handelsgeschäfts und des Anlagevermögens zu tragen. Auch aus den Erträgnissen des Handelsgeschäfts — die sein Betrieb trotz der Entwicklung, von der es betroffen wurde, etwa noch abwirft — braucht der Nießbraucher derartige Werteinbußen durch außerordentliche Abschreibungen zu Lasten des Reingewinns nicht zu decken, auch dann nicht, wenn fortan die Buchwerte zu hoch sein werden (auch hier zeigt sich wieder einmal die Diskrepanz zwischen Steuer- und Zivilrecht. Denn da der Besteller nicht Kaufmann ist, keine Einkünfte aus Gewerbebetrieb hat und diese Werteinbuße sonach steuerlich von ihm aus gesehen Vermögensverluste sind, bleiben sie — wie für die Einkommensteuer des mit ihnen nicht belasteten Nießbrauchers — auch für die des Bestellers unberücksichtigt). Es zeigt sich hier, daß der dem Nießbraucher zukommende Fruchtgenuß nicht völlig mit dem kaufmännischen Reingewinnbegriff übereinstimmt; denn nach kaufmännischen Grundsätzen wäre ein Verlust auf Anlagevermögen, welches irgendwie zu Buche steht, durch Absinken seines Zeitwertes infolge außerordentlicher Entwicklungen unter den Buchwert, aus den Erträgnissen wenigstens allmählich abzuschreiben.

In vollkommener Reinheit gilt der Satz übrigens nicht. Schon weiter oben ist erwähnt worden, daß der Nießbraucher technisch veraltete Maschinen, welche im Verhältnis zu neueren Konstruktionen zu teuer oder qualitativ minderwertig arbeiten, zur Erhaltung der Wettbewerbsfähigkeit des Unternehmers durch moderne technisch vollkommene Stücke zu ersetzen hat, und vorstehend, daß er einer mit kaufmännischer Sorgfalt voraussehbaren Entwicklung entgegentreten und suchen muß, die von ihr drohenden Nachteile abzuwenden. Hierzu kann möglicherweise eine Umstellung des Betriebs erforderlich sein, die erhebliche Aufwendungen mit sich bringt. Zu derartigen Maßnahmen und Vorkehrungen ist der Nießbraucher verpflichtet, soweit sie vom kaufmännischen Standpunkt aus im Rahmen des noch Gewöhnlichen liegen, was der Betrieb eines Handelsgeschäftes mit sich bringt (§ 1041 BGB.). Insoweit wird seine Verpflichtung nicht einmal durch die Erträgnisse des Geschäftes begrenzt, vorbehaltlich einer Ausgleichung bei Nießbrauchsende, wenn die notwendigen Maßnahmen eine Wertsteigerung des Anlagevermögens zur Folge haben. Darüber hinaus aber braucht der Nießbraucher nicht zu gehen, kann er es vielmehr dem Eigentümer überlassen, das Erforderliche zu tun. Verpflichtet — dem Nießbraucher gegenüber — ist auch der Eigentümer nicht.

c) Wer trägt denjenigen Verlust am Anlagevermögen, welcher nicht auf einer der oben angegebenen Ursachen, sondern nur darauf beruht, daß die Erträgnisse zur regelmäßigen Erneuerung, zu den ordentlichen Abschreibungen auf Anlagevermögen nicht ausreichen? Unter dem Gesichtspunkt des Nießbrauchs an den einzelnen Sachen des Anlagevermögens trägt ihn der Eigentümer; denn nach der gesetzlichen Regel des § 1050 BGB. über den Nießbrauch an Sachen hat der Nießbraucher Veränderungen und Verschlechterungen der Nießbrauchsache nicht zu vertreten, welche durch die ordnungsmäßige Ausübung des Nießbrauchs herbeigeführt werden. Daß dem Nießbraucher eines Handelsgeschäfts gleichwohl zugemutet wird, für die Abnutzung aus den Erträgnissen aufzukommen, beruht teils auf einer Ableitung aus dem Begriff des Reingewinns, der als Frucht des Handelsgeschäfts dem Nießbraucher gebührt, teils auf dem Gesichtspunkt, daß er als Nießbraucher des Handelsgeschäfts als solchen verpflichtet ist, für die Erhaltung seines wirtschaftlichen Bestandes zu sorgen. Die Verschlechterung des Handelsgeschäfts als solchen durch Ausübung des Nießbrauchs, die in der Abnützung und dem Verschleiß der Maschinen liegt, wofür die Regel des § 1050 BGB. einschlüge, gefährdet aber zweifellos den Bestand des Wirtschaftswesens, für dessen Erhaltung der Nießbraucher nach § 1041 BGB. S. 1 zu sorgen hat, ohne daß das Maß der Erträgnisse diese Pflicht begrenzt, wenn die zu ihm gehörigen Maschinen nicht in dem erforderlichen Umfange erhalten und erneuert werden. Dieser zweite Gesichtspunkt führt also dazu, daß der Nießbraucher den Verschleiß am Anlagevermögen aus eigenen Mitteln zu decken und den ihm entsprechenden Verlust zu tragen hat, wenn die Erträgnisse zu den entsprechenden Abschreibungen nicht ausreichen. Dieses Ergebnis scheint mir der Sach- und Interessenlage zu entsprechen. Aus zwei Erwägungen: Zunächst bringt es nun einmal die kaufmännische Betätigung mit sich, daß der Kaufmann das Risiko zu tragen hat, daß das Ergebnis seiner Tätigkeit die Selbstkosten nicht deckt. Zu diesen Selbstkosten aber gehört auch die Abnutzung des Anlagevermögens. Freilich soll der Nießbraucher einer Sache gerade ihren Gebrauch und ihre durch ihn herbeigeführte Abnutzung umsonst oder für das vereinbarte Entgelt haben. Aber es würde sich niemals entscheiden lassen, ob die Unzulänglichkeit der Erträgnisse nicht auf schuldhafter Geschäftsführung des Nießbrauchers beruht. Dieser ist aber dem Eigentümer nach übereinstimmender Meinung gerade nach § 1041 HGB. zum Betriebe des Handelsgeschäfts verpflichtet und haftet nach dieser Vorschrift im Rahmen kaufmännischer Sorgfalt dafür, daß er es nicht herunterwirtschaftet. Der Nießbraucher würde niemals wahr haben wollen oder zugeben, daß die unzulänglichen Erträgnisse auf schlechter Geschäftsführung beruhen; der Eigentümer, der keinen Einblick in diese hat, würde es nie beweisen können. Ich halte demnach § 1050 für die Gegenstände des Anlagevermögens nicht für anwendbar.

d) Allen Verlust durch Umsatz des Umlaufvermögens ohne Rücksicht auf die Art der Ursache hat der Nießbraucher zu tragen. Wenn freilich schon bei Nießbrauchbeginn die Buchpreise für die Läger über den Marktpreisen liegen, braucht sie der Nießbraucher nicht hinzunehmen. Für Außenstände, die bei Nießbrauchbeginn vorhanden sind, aber nicht eingehen, braucht er Ersatz nicht zu leisten. Daß der Nießbraucher die Berücksichtigung eines bei Nießbrauchbeginn noch nicht eingetretenen, aber drohenden Preissturzes verlangen könnte, ist zu verneinen, wenn er nicht vor Antritt des Nießbrauchs eine Sondervereinbarung hierüber trifft. Selbstverständlich sind die Buchpreise für die Wertersatzschuld des Nießbrauchers auch dann nicht maßgebend, wenn sie unter dem Marktwert liegen. (In dieser Beziehung kann freilich leicht ein abweichender Wille des Erblassers festzustellen sein, wenn der Nießbrauch auf Vermächtnis beruht.) Beruht der Nießbrauch auf einem Vermächtnis, wird anzunehmen sein, daß der für den Wert maßgebliche Zeitpunkt der Todestag des Erblassers, nicht der Zeitpunkt der Erfüllung des Vermächtnisses ist.

e) Aus der Verpflichtung des Nießbrauchers, den Wert des Umlaufvermögens, den es bei Nießbrauchbeginn hatte, beim Nießbrauchende zu ersetzen und das Anlagevermögen in seinem wirtschaftlichen Bestande zu erhalten, folgt ohne weiteres, daß er zu Entnahmen über den

Jahresgewinn hinaus, insbesondere dann, wenn ein solcher nicht erzielt wird, nicht berechtigt ist.

f) Somit ist der Nießbrauch, wie eben auch der Erwerb eines Handelsgeschäftes, mit Gefahren verbunden. Wer sich einen Nießbrauch bestellen läßt, insbesondere das Vermächtnis eines Nießbrauchs an einem Handelsgeschäft annimmt, wird daher nicht unterlassen dürfen, es vorher einer eingehenden Prüfung zu unterziehen. Es fragt sich, wie sich der Nießbraucher von dem durch die Annahme des Nießbrauchs eingegangenen Risiko nachträglich wieder befreien kann. Man wird auf die Beendigung des Nießbrauchs an einem Handelsgeschäft §§ 1072, 1064 BGB. unmittelbar anwenden können; darnach genügt die Erklärung des Nießbrauchers gegenüber dem Eigentümer oder Besteller, daß er den Nießbrauch aufgebe, und, wenn zum Handelsvermögen Grundstücke gehören, die hinzutretende Löschung des Nießbrauchs im Grundbuch (§ 875 BGB.).

Die auf § 1041 S. 1, 1036 Abs. 2 BGB. beruhende Verpflichtung des Nießbrauchers, das Geschäft, wenn er den Nießbrauch nicht aufgeben will, zu führen, ohne seinen Gegenstand (Geschäftszweig) zu ändern, hindert nicht, daß er einzelne unrentable Artikel oder Fabrikationszweige aufgibt, besonders, wenn diese nicht nur nicht lohnend, sondern dauernd verlustbringend sind. Zu solchen Maßnahmen ist der Nießbraucher auch ohne Zustimmung des Bestellers berechtigt, ja verpflichtet, wenn sie einer ordnungsmäßigen Wirtschaft nach sorgfältiger kaufmännischer Erwägung entsprechen. Das gilt auch von der Aufgabe einzelner Teilbetriebe oder Zweigniederlassungen (wenn nicht eine einzelne Zweigniederlassung selbst der einzige Gegenstand des Nießbrauchs ist). Die durch die Stillegung eines einzelnen Fabrikationszweigs freiwerdenden Maschinen kann der Nießbraucher verwerten. Den Erlös kann er dem Umsatzvermögen zuführen und ist dann bei Nießbrauchsende zum Ersatz verpflichtet, oder andere Maschinen für eine beibehaltene oder neu aufgenommene Fabrikation anschaffen, die dann nach dem Grundsatz der Surrogation (vgl. 8) Eigentum des Bestellers werden.

g) Von dem vorstehend Ausgeführten über die Last des Verlustes muß nun freilich gerade für den wichtigsten und zugleich häufigsten Fall des Nießbrauchs eine Ausnahme festgestellt werden, für den Fall nämlich, daß der Nießbrauch dem überlebenden Ehegatten vermacht wird. Die Frage, wer den Verlust zu tragen hat, fällt in das Gebiet der bloß schuldrechtlichen Beziehungen zwischen Nießbraucher und Eigentümer, welche der Bestimmung durch die Parteien oder den Erblasser zugänglich sind. Die letztwillige Verfügung ist der Auslegung unterworfen. Nun ist bei der Vorerbschaft, der befreiten (§ 2138 BGB.) und der nicht befreiten (§ 2130 Abs. 1 BGB.) davon keine Rede, daß der

Vorerbe den unverschuldeten Verlust zu tragen hätte. Es wäre nun aber wohl lebensfremd, anzunehmen, daß der Erblasser in der angegebenen Beziehung etwas anderes will, je nachdem, ob er seine Witwe zur Vorerbin einsetzt oder ihr den Nießbrauch an seinem Nachlaß vermacht (so mit Recht Becker „Steuer und Wirtschaft" 1938 Spalte 294) oder gar in einem gemeinschaftlichen gegenseitigen Testament seine Witwe zu seiner Erbin und die gemeinsamen Kinder zu ihren Erben einsetzt; eines derartigen Unterschiedes wird sich der Erblasser wohl gar nicht bewußt sein. Regelmäßig ist also wohl anzunehmen, daß der Erblasser seinen Ehegatten, dem er den Nießbrauch vermacht, damit nicht mit der Gefahr des Verlustes belasten, vielmehr ihn von der Verpflichtung, unverschuldete Verluste zu ersetzen, befreien will. Es wird aber auch die entsprechende Anwendung des § 1655 BGB. in einem solchen Falle den Willen des Erblassers gerecht werden und deshalb die Abbürdung der Verluste auf die Schultern des Erben, d. h. auf die Substanz, wieder insoweit einzuschränken sein, als der Nießbraucher die Verluste aus späteren Gewinnen ersetzen kann. Bei der letztwilligen Zuwendung des Nießbrauchs an den überlebenden Ehegatten, insbesondere die Witwe, dürfte es sich übrigens auch oft nur um einen bloßen Versorgungsnießbrauch (oder gar nur die schuldrechtliche Zuwendung des Anspruchs auf den Reingewinn) handeln. Daraus ist dann sowohl einerseits abzuleiten, daß die zu versorgende Witwe keinen Verlust zu tragen hat, als auch andererseits, daß ihr Recht zur Entnahme auf das zu einem den Erträgnissen entsprechenden Unterhalt erforderliche Maß beschränkt, wieder aber auch unabhängig von den Geschäftsergebnissen ist, soweit der notwendige standesgemäße Unterhalt zu bestreiten ist.

F. Beendigung des Nießbrauchs.

26. Bei Beendigung des Nießbrauchs ist das Handelsgeschäft als solches zurückzugeben. Hier treten eine Fülle der schwierigsten Fragen auf, welche nur mit sorgfältiger gerechter Abwägung der Belange beider Teile zu beantworten sind. Die Schwierigkeit ihrer Lösung ist zum Teil schon darin begründet, daß die in rein sachlicher Hinsicht gleiche Lage des Geschäftes je nach den außerhalb des Unternehmens liegenden Umständen bald günstig für den einen und ungünstig für den anderen Beteiligten, bald umgekehrt sein kann; man denke nur an die Erwerbshoffnungen, zu welchen ein Lager bei steigenden Preisen und Warenknappheit berechtigt, und an die Risiken, welche es im umgekehrten Falle birgt.

Aus dem Gesetz allein würde sich ergeben, daß der Nießbraucher die Gegenstände des Anlagevermögens zurückzugeben und den Wert des bei Beginn des Nießbrauchs vorhandenen Umlaufsvermögens in bar zu erstatten hat. Im Regelfalle wird damit den Belangen weder des einen noch des anderen Teiles gedient sein. Aber auch auf diese Verpflichtung ist wie immer § 242 BGB. anzuwenden, selbst dann, wenn letztwillig oder durch Vertrag darüber Bestimmungen getroffen sind, die sehr leicht bei Nießbrauchende völlig veraltet sein können. Vorbehaltlich solcher Bestimmungen dürften folgende Überlegungen anzustellen sein, die naturgemäß zum Teil nur ein Spiegelbild dessen sind, was oben über die Last des Verlustes gesagt ist.

Der Eigentümer kann nicht nur beanspruchen, daß ihm das Anlagekapital, so wie es war, zurückgegeben und der Wert des bei Nießbrauchsbeginn vorhandenen Umlaufvermögens erstattet wird, vielmehr hat er auch Anspruch darauf, daß ihm das Handelsgeschäft als solches zurückgegeben werde. Letzterer Anspruch wirkt auf den Anspruch auf Wertersatz ein. Denn wenn der Eigentümer beanspruchen kann, daß ihm das Handelsgeschäft als solches, wie es bei Nießbrauchbeginn bestand, d. h. in einem für die Fortführung des Wettbewerbes ebenso hinreichend ausgerüsteten Zustande zurückgegeben werde, so gehört dazu auch, daß ihm das zur gewinnreichen Fortführung des Unternehmens notwendige Umlaufvermögen in Natur, desgleichen liquide Mittel, soweit sie bei Beginn des Nießbrauchs vorhanden waren, in einer Höhe zurückgegeben werden, die zu diesem Zwecke genügen. Zu den liquiden Mitteln erster Ordnung sind zu rechnen: Außenstände, Bank- und Postscheckguthaben und Kasse; nur bei Bankgeschäften, welche auch deshalb anders zu beurteilen sind, weil sie wie jedes reine Handelsgeschäft nur wenig Anlagevermögen haben, gehören die Debitoren nicht zu den liquiden Mitteln, schon deshalb nicht, weil sie nicht durch Trassierung umlauffähig gemacht werden können. Zu den liquiden Mitteln zweiter Ordnung ist zu rechnen: das Lager an Rohstoffen, Halb- und Fertigfabrikaten und Fabrikationsmaterialien. Das Lager hat für das Geschäft die Bedeutung, daß es unmittelbar zu einer Fortführung erforderlich ist; die liquiden Mittel erster Ordnung, daß sie notwendig sind, die laufenden Ausgaben zu bestreiten, die Verbindlichkeiten bei Fälligkeit einzulösen, und das Lager immer wieder zu ergänzen. In beschränktem Umfang werden die Disponibilitäten durch die Möglichkeit ersetzt, Bankkredit aufzunehmen.

Nach § 1067 hat der Nießbraucher bei Nießbrauchende für das übernommene Umlaufvermögen Wertersatz zu leisten und zwar hat er den Wert zu ersetzen, den das beim Nießbrauchbeginn vorhandene Umlaufvermögen damals hatte (vgl. 7). Ich sehe keinen Grund, diese Bestimmung beim Nießbrauch an einem Handelsgeschäft nicht anzuwenden. Verneint man ihre Anwendbarkeit, so würde der Nießbraucher (ebenso wie das Anlagevermögen) das übernommene Umlaufvermögen in Natur zurückzuerstatten haben. Aber auch dann würde sich die Frage erheben, ob er die gleichen Mengen oder den gleichen Wert zurückzuerstatten hat. Diese Frage wäre wohl dahin zu beantworten, daß der gleiche Wert (im Sinne von 7) zurückzugeben ist; denn der Gewinn gebührte ja dem Nießbraucher und dementsprechend hat er auch den Verlust zu tragen. Es wäre auch unbillig, wenn der Nießbraucher, der etwa gar nichts unternommen und ein bei Nießbrauchbeginn vorhandenes Lager einfach liegen gelassen hat, nach Jahren rückläufiger Preise dem Eigentümer dieses im Wert gesunkene Lager zurückgeben könnte. Außerdem ist bei der Frage des Mengen- oder Wertersatzes zu beachten, daß die Preisverringerung gar nicht auf verlustbringenden Konjunkturgründen beruhen muß, sondern die Folge gewinnbringender Fabrikationsverbilligung sein kann. Man käme also immer dazu anzunehmen, daß auch für den Umfang der Verpflichtung des Nießbrauchers zum Naturalersatz gegenüber dem Eigentümer bei Beendigung des Nießbrauchs ein Wertvergleich maßgebend und diesem der Wert bei Beginn und bei Ende des Nießbrauchs zugrunde zu legen ist. Dies führt dazu, die Bestimmung des § 1067 anzuwenden und dem Nießbraucher für verpflichtet zu halten, den Wert des Lagers und der Rohstoffe bei Nießbrauchbeginn zu ersetzen. Man muß dabei aber dessen bewußt bleiben, daß damit noch nicht gesagt ist, in welcher Form dieser Wert zu ersetzen ist, d. h. in welchem Umfange der Nießbraucher ihn in Geld zu ersetzen verpflichtet und berechtigt ist, in welchem Umfange aber er in Anrechnung auf den Wertersatz dem Eigentümer Rohstoffe und Fabrikate überlassen muß und darf, noch, zu welchen Preisen (vgl. 27). Nach dem Vorstehenden beschränkt sich die praktische Bedeutung des Erörterten darauf, daß nach der hier vertretenen Meinung der Besteller beim Nießbrauchende kein größeres Lager zurückzunehmen braucht als zur Fortführung des Geschäftes erforderlich ist.

Was die Debitoren betrifft, so dreht es sich immer nur um das Recht, nicht um die Pflicht des Nießbrauchers solche zurückzugeben; denn der Besteller wird statt ihrer immer ebenso gerne und sogar lieber bares Geld (nicht immer auch Ware) annehmen. Das Recht besteht, soweit vom Nießbraucher bei Bestellung des Nießbrauchs Außenstände übernommen worden sind und, soweit gegen die Einbringlichkeit der Außenstände keine Bedenken bestehen; Ausfälle an ihnen hat der Nießbraucher zu ersetzen, soweit er nicht an den von ihm übernommenen Ausfälle erlitten hat.

Zur Schuldübernahme ist der Eigentümer m. E. nicht verpflichtet. Die Verbindlichkeiten sind im Namen des Nießbrauchers eingegangen und belasten daher nach außen nur diesen; nach innen gehen sie, soweit schon beim Nießbrauchbeginn Verbindlichkeiten bestanden haben, von dem Aktiv-Umlaufvermögen ab, zu dessen Wertersatz der Nießbraucher verpflichtet ist. Muß er dem Eigentümer (aus nachstehend erörterten Gründen) ein größeres Umlaufvermögen (an Barmitteln, Ware und Rohstoffen) zurückgeben, als bei Beginn des Nießbrauchs vorhanden war, wird er auch berechtigt sein, Schuldübernahme zu verlangen, soweit Verbindlichkeiten von ihm eingegangen werden mußten, um dieses größere Umlaufvermögen (Lager) zu unterhalten.

Nach diesen Überlegungen wird man zum Ausgangspunkt der weiteren Untersuchung den Satz machen können, daß der Besteller verlangen kann, in Anrechnung auf den Wertersatz so viel Rohstoffe, Halb- und Fertigfabrikate und Fabrikationsmaterialien zurückzuerhalten, als bei Nießbrauchbeginn vorhanden waren und als zur ordnungsmäßigen, gewinnbringenden Fortführung des Betriebes erforderlich sind. Im gleichen Umfange ist er nach Treu und Glaube auch verpflichtet, Rohstoffe, Halb- und Fertigfabrikate und Fabrikationsmaterialien zurückzunehmen, es sei denn, daß er das Geschäft nicht fortführen will und den Nießbraucher so rechtzeitig von diesem Entschluß benachrichtigt hat, daß dieser Zeit hatte, sich darauf einzurichten. Auch eine Vergrößerung des Lagers an Rohstoffen usw. zu Lasten des anderen Teiles des Umlaufvermögens wird der Eigentümer in Kauf zu nehmen und zu übernehmen haben, wenn es sich nicht gerade nach dem Artikel oder der in Gang befindlichen Preisbewegung um eine erhebliche Risikovermehrung oder um eine starke Verminderung der Flüssigkeit handelt.

Ist das Umlaufvermögen größer als es zu Beginn des Nießbrauchs war, so kann damit ein Bedürfnis nach höherem Umlaufvermögen (insbesondere auch höherem Lager) Hand in Hand gegangen sein, wenn sich die Umsätze gesteigert haben. Es kann sein (aber es ist gerade in dem zuletzt erwähnten Falle unwahrscheinlich), daß gleichzeitig der Wert des Anlagevermögens sich verringert hat, wenn nämlich die Abschreibungen auf das Anlagevermögen liquide gehalten und nicht zum Ersatz und zur Ergänzung des Anlagevermögens verwandt worden sind. Dann ist ein Teil der Vermehrung des Umlaufvermögens zum Ausgleich dieser Wertminderung des Anlagevermögens zu verwenden. Der übrige Teil würde sich als Gewinn oder Ausgleich vermehrter Verbindlichkeiten darstellen und dem Nießbraucher gebühren. Aber wenn das höhere Lager zu gesteigerten Umsätzen erforderlich ist, wird der Nießbraucher als verpflichtet anzusehen sein, auch diesen Mehrbetrag dem Besteller zu überlassen. Soweit dieser Mehrbetrag nicht Gewinn ist, ihm also Verbindlichkeiten des Nießbrauchers gegenüberstehen, hat die Bezahlung des Mehrbetrages durch Schuldübernahme zu geschehen. Soweit der Mehrbetrag stehengebliebener Gewinn des Nießbrauchers ist, hat ihn der Besteller zu bezahlen. Der Nießbraucher wird ihm aber wohl entsprechende Zahlungsfristen einräumen müssen, soweit auch dieser Gewinn darstellende Teil des Mehrlagers zur Fortführung des Geschäftes erforderlich ist.

Soweit das Lager bei Beginn des Nießbrauchs vorhanden war, wird der Besteller immer verpflichtet sein, ein solches zurückzunehmen, in dem Maße, als es zur Fortführung des Geschäftes erforderlich ist, und zwar auch dann, wenn eine rückläufige Konjunktur bevorsteht, oder schon begonnen hat; denn er befände sich in keiner besseren Lage, wenn der Nießbrauch nie bestanden hätte. Über den Bestand bei Nießbrauchbeginn hinaus dürfte der Eigentümer ein Lager bei Nießbrauchende nicht zu übernehmen haben, wenn er nicht will, und wenn die Verschiebung erheblich ist; denn auch bei vergrößertem Geschäft wird bei rückläufiger Konjunktur ein geringerer Bestand zur Fortführung des Geschäftes notwendig sein, der nicht leicht größer sein dürfte als beim Nießbrauchbeginn. Bei steigender Konjunktur aber wird eine Meinungsverschiedenheit über die Übernahme des Lagers und gar über die zur Fortführung des Geschäftes erforderlichen Lagerbestände unter den Beteiligten nicht wohl entstehen.

27. Sehr schwierig ist die Frage zu beantworten, welchen Preis der Besteller für das von ihm übernommene oder zu übernehmende Umlaufvermögen, also Lager an Rohstoffen, Halbfertigware und Fertigware sowie Fabrikationsmaterialien zu bewilligen hat und sich auf seinen Wertersatzanspruch anrechnen lassen muß. Mir scheint, daß aus der Verpflichtung, bei Nießbrauchende das Handelsgeschäft zurückzugeben, folgt, daß der Nießbraucher auch theoretisch kein in den Rahmen des betreffenden Unternehmens fallendes Geschäft mehr tätigen, also auch theoretisch keinen Gewinn mehr erzielen kann, alle Gewinne, welche das betreffende Handelsgeschäft erbringen kann, vielmehr vom Nießbrauchende ab seinem Inhaber zukommen. Von diesem Ausgangspunkt ist abzuleiten, daß alle von da ab durch den Absatz vorhandener Ware erzielbaren Gewinne (und auch alle dazu erforderlichen Aufwendungen) den Inhaber des Unternehmens treffen. Er hat also, soweit er das Lager vom Nießbraucher übernehmen darf oder muß, dafür höchstens den ordnungsmäßig kalkulierten Selbstkostenpreis zu vergüten. Bleibt noch der Bestand, der darüber hinaus geht und der auf Grund völlig freier Vereinbarung übernommen wird. Es liegt nahe zu sagen, daß es hier auch auf die Vereinbarung über die Höhe des Preises ankommt. Aber man hat sich dabei folgendes vor Augen zu halten. Was kann der Nießbraucher mit dem überschüssigen Lager tun? Er kann zu seiner Verwertung weder die Firma weiter gebrauchen noch etwaige Markenrechte, welche mit dem Betriebe verbunden sind und dem Inhaber zustehen, noch sich einer Ausstattung bedienen, die sich im Verkehr als Kennzeichen des Betriebes durch-

gesetzt hat. Wenn ihn auch mangels vertraglicher und letztwilliger Grundlage kraft Gesetzes so wenig wie in irgendeinem andern Falle ein bei Nießbrauchende etwa beginnendes Wettbewerbsverbot trifft, so wird der Nießbraucher aber doch an die Kundschaft des Geschäftes, an dem der Nießbrauch bestanden hatte, nicht mehr verkaufen dürfen, denn auch darin läge eine weitere Ausübung des Nießbrauchs, die nach dessen Beendigung nicht mehr zulässig ist. (Übrigens ergibt sich dasselbe umgekehrt für die Dauer des Nießbrauchs zuungunsten des Eigentümers.) Der Nießbraucher wird also regelmäßig bei der Verwertung eines überschüssigen Lagers in einer schwierigen Lage und kaum imstande sein, gewinnbringende Preise zu erzielen. Wenn man dem Eigentümer angesichts dieser Art von Notlage des Nießbrauchers nach § 138 BGB. auch nicht die Befugnis einräumen kann, ihm sogenannte Ramschpreise zu diktieren, so wird man doch die Preise, welche dem ordnungsmäßig kalkulierten Selbstkostenpreis entsprechen, auch für einen solchen Teil des Lagers als zulässig ansehen müssen. Es ergibt sich allerdings eine etwas einseitige Besserstellung des Bestellers; denn soweit er das zur Fortführung des Geschäftes nicht erforderliche Lager (bei steigender Konjunktur) haben will, bekommt er es nach Vorstehendem zum Selbstkostenpreis, soweit er es (bei sinkender Konjunktur) nicht haben will, trägt der Nießbraucher die Gefahr, daß er es, wenn überhaupt, nur zu niedrigen Preisen absetzen kann. Für den zur Fortführung des Geschäftes erforderlichen Teil des Lagers dürfte der Besteller den ordnungsmäßig kalkulierten Selbstkostenpreis auch dann zu vergüten haben, wenn ein Preisrücklauf eingesetzt hat oder bevorsteht; denn hinsichtlich dieses Lagers wäre er auch dann in keiner anderen Lage, wenn der Nießbrauch nicht bestanden hätte. Bezüglich eines darüber hinausgehenden Lagers macht sich in diesem Falle aber geltend, daß der Eigentümer für das dem Nießbraucher überlassene Umlaufsvermögen Wertersatz zu verlangen hat und daß dieser Anspruch auf Wertersatz eben nur unter gewissen Voraussetzungen und in gewissem Umfange durch Wertersatz in Natur erfüllbar ist. Soweit das Lager zur Fortführung des Geschäftes entbehrlich ist, wird also der Nießbraucher, auch wenn er ein größeres Lager vom Eigentümer übernommen hatte, soferne sich der Eigentümer zur Übernahme entschließt, Preisabschläge bewilligen müssen, die um so größer sein werden, je schlechter die Konjunktur, je umfangreicher das Lager und je geringer die Möglichkeit ist, es ohne Benutzung der Firma, des Warenzeichens und der Ausstattung abzusetzen.

Würde mein Ausgangspunkt unrichtig sein, daß der Nießbraucher für das von ihm übernommene Umlaufvermögen Wertersatz zu leisten hat, der nur in gewissem Umfange nach Maßgabe gewisser Voraussetzungen in Natur, aber grundsätzlich in Geld zu entrichten ist, so würde bei allen den vorstehend erörterten Fragen, was die Verschiebung zwischen liquiden Mitteln erster Ordnung und Lager zugunsten des letzteren und was die Größe des letzteren betrifft, die Verschuldensfrage zu erörtern sein.

Von dem hier vertretenen Standpunkt aus kann hiervon abgesehen werden.

Es wird nicht möglich sein, über das Gesagte hinaus zu gehen und dem Besteller die etwa unter dem Selbstkostenpreis liegenden Buchpreise zuzugestehen. Denn einmal würde das heißen, auf eine Norm zu verzichten, weil ja die Buchpreise, soweit sie unter dem Selbstkostenpreis liegen, von der Willkür des Nießbrauchers abhängen, andererseits würde diese Überführung der bei Nießbrauchsende vorhandenen, auf dem Umlaufvermögen liegenden stillen Rücklagen in das Vermögen des Eigentümers mit dem Grundsatz nicht vereinbar sein, daß der Reingewinn dem Nießbraucher gebührt; denn dabei kann es sich nicht um einen bilanzmäßigen Reingewinn handeln, der sich aus den willkürlichen Bilanzansätzen des Nießbrauchers ergibt, sondern sozusagen um einen objektiv bilanzmäßigen Reingewinn, der sich eben dann ergibt, wenn die Bilanz nach allgemeinen kaufmännischen Grundsätzen aufgestellt wird. Es ist freilich ein den Besteller schwer treffender Nachteil, daß nach diesem Grundsatz sein Unternehmen nach noch so langer Nießbrauchdauer, während deren er selbst es durch behutsame Beschränkung seiner Entnahmen und möglichste Belassung der Gewinne im Geschäft hätte stärken und sein Wachstum pflegen können, in demselben Zustande zurückerhält, in welchem es sich vor langer Zeit bei Beginn des Nießbrauchs befand, während die konkurrierenden Betriebe in der Zwischenzeit ungehindert haben wachsen und gedeihen können.

28. Diese Beobachtung kehrt auch beim Anlagekapital wieder. Auch diesbezüglich ist das, was sich unmittelbar aus dem Gesetz ergibt, sehr dürftig. Es ergibt sich daraus zunächst die dingliche, ich möchte fast sagen, formale Rechtslage. Danach bleibt der Besteller und Eigentümer des Unternehmens Eigentümer des Anlagekapitals, also der Grundstücke, Gebäude und Maschinen. Er wird nach dem Surrogationsprinzip (s. 8) Eigentümer der für die letzteren nach den Regeln einer ordnungsmäßigen Wirtschaft angeschafften Ersatzstücke. Von den Neuanschaffungen, welche darüber hinausgehen, wird er Eigentümer, wenn sie wesentliche Bestandteile der ihm gehörigen Maschinen oder des Grundstücks werden (§§ 93—95 BGB.). Im übrigen wird der Nießbraucher Eigentümer der Neuanschaffungen, die keine Ersatzstücke sind.

Zunächst erhebt sich die Frage: Hat der Besteller diejenigen neuangeschafften Gegenstände des Anlagevermögens, welche nicht zum Ersatz von Inventarstücken angeschafft wurden, die bei Nießbrauchbeginn vorhanden waren, welche aber trotzdem sein Eigentum geworden sind, bei Nießbrauchsende dem Nießbraucher zu übereignen und diesem zu überlassen und ein Entgelt zu gewähren, wenn er sie behalten will? Hierfür schlägt § 1049 BGB. ein. Danach hat der Nießbraucher für solche Mehranschaffungen, welche Eigentum des Eigentümers geworden sind, nach den Vorschriften über die Geschäftsführung ohne Auftrag Ersatz zu verlangen; er kann eine Einrichtung, mit welcher er die Sache versehen hat, wegnehmen. Dazu ist aber zu bemerken, daß nach § 95 BGB. Abs. 1 Satz 2 im allgemeinen Neuanschaffungen, die nicht Ersatzstücke sind, nicht Eigentum des Eigentümers werden, weil sie von dem Nießbraucher in Ausübung eines Rechtes an dem Grundstücke mit diesen verbunden worden, also nicht wesentliche Bestandteile geworden sind.

Eine zweite Frage lautet: Hat der Nießbraucher diejenigen von ihm angeschafften Gegenstände des Anlagevermögens, welche sein Eigentum geworden sind, dem Besteller auf sein Verlangen zu überlassen und zu welchem Preis? Hierzu läßt sich eine Bestimmung nicht nachweisen, welche dem Besteller das Recht gäbe, die Überlassung zu verlangen. Es ergibt sich also nach der Antwort auf die beiden Fragen das für den Besteller fast unerträgliche rechtliche Ergebnis, daß er günstigsten Falles die Überlassung der Neuanschaffung gegen Bezahlung verlangen darf, mögen sie zur Fortführung des Betriebes, wie er bei Nießbrauchsende vorliegt, noch so unentbehrlich sein. Nun wird gerade ein pfleglicher Nießbraucher, besonders, wenn er mit einer langen Nießbrauchdauer rechnen kann — die aber immer ungewiß ist, weil der Nießbrauch mit seinem Tode endet —, auch im eigenen Interesse darauf bedacht sein, das Wachstum des Geschäftes zu fördern und es innerlich zu stärken, um es wettbewerbsfähig zu erhalten. Verfährt er nach diesem Gesichtspunkt, so erhält zwar der Besteller ein gewachsenes Unternehmen zurück, aber er hat an den Nießbraucher Zahlungen zu leisten, wenn er die neu angeschafften Gegenstände, die er zur Fortführung braucht, behalten will, zu denen er im Regelfalle nicht in der Lage ist. Denn die Reingewinne des Geschäftes hat ja der Nießbraucher gehabt, aus denen dieses Wachstum bestritten wurde. Wenn er sie jetzt dem Besteller in Gestalt dieser Neuanschaffungen überläßt, so muß dieser sie ihm vergüten. Spricht man dem Nießbraucher diesen Erstattungsanspruch ab, so wird er von Neuanschaffungen regelmäßig Abstand nehmen; denn wie schon gesagt, ist die Dauer des Nießbrauchs immer so ungewiß, wie die Dauer seines eigenen Lebens und daher unsicher, ob sich solche Neuanschaffungen für ihn bezahlt machen, wenn er sie am Schluß des Nießbrauchs nicht ersetzt erhält. In jedem Falle selbstverständlich ist, daß sie ihm nur nach Abzug normaler Abschreibungen zu ersetzen sind.

Diese Rechtslage und das aus ihr sich ergebende wirtschaftliche Ergebnis ist für den Besteller des Unternehmens außerordentlich unerfreulich. Es wird wirtschaftlich nicht immer dadurch berichtigt werden, daß der Nießbraucher die Maschinen seinerseits nicht ohne Verlust veräußern kann, denn diese Zwangslage wird für ihn keineswegs immer bestehen. Es gibt Zeiten, in denen auch alte Maschinen sehr gesucht sind und gerade diese sind es, in denen der Besteller darauf Wert zu legen hat, die Maschinen zu behalten. Denkbar ist auch, daß der Nießbraucher Gelände in eigenem Namen zugekauft und auf diesem neue Werke errichtet hat. Während die Unternehmer der konkurrierenden Werke die Gewinne stehen lassen, um ihre Unternehmungen zu Blüte und Wachstum zu führen, bleibt das mit dem Nießbrauch belastete Unternehmen zurück, oder der Besteller muß beim Nießbrauchsende gegenüber dem Nießbraucher Verpflichtungen eingehen, die die Bilanz des Werkes und seine Zukunft schwer belasten; in vielen Fällen wird der Nießbraucher bei Nießbrauchsende zwangsweise zum Gesellschafter werden. Es macht sich hier geltend, daß der Nießbrauch einen verderblichen Schnitt zwischen der Gegenwart, die dem Nießbraucher zugesprochen wird, und der Zukunft macht, die ein Belang des Eigentümers bleibt. Es zeigt sich derselbe Gegensatz wie bei der Aktiengesellschaft zwischen dem Unternehmen und dem gewinnberechtigten Aktionär. Während er durch das Aktiengesetz bewußt zugunsten des Unternehmens entschieden ist, ist er hier zugunsten des Gewinnberechtigten entschieden. Das Unternehmen als Wirtschaftszelle kann, wenn es einem blutsaugerischen Nießbraucher vorgeworfen wird, der alle Gewinne rücksichtslos abschöpft, seine Lebensfähigkeit einbüßen, weil es mit dem Wachstum der Wettbewerber nicht Schritt hält und deshalb nicht wettbewerbsfähig bleiben kann.

29. Den vorstehenden Ergebnissen liegt die Annahme zugrunde, daß die sämtlichen während der Nießbrauchszeit aus den Erträgnissen des Geschäftes geschaffenen echten (offenen oder stillen) Rücklagen dem Nießbraucher gebühren, dem sie der Besteller bei Rückübernahme des Geschäftes auszahlen muß; denn der Nießbraucher hat nicht mehr zurückzuerstatten, als — vorbehaltlich Untergang, Zerstörung und Verschlechterung durch Zufall oder höhere Gewalt — in Natur oder Geld den Wert des beim Nießbrauchbeginn vorhandenen Umlaufvermögens, das damals vorhandene Anlagevermögen und das Handelsgeschäft als solches; nur soweit der Wert des letzteren selbst — z. B. durch eine besonders rührige oder geschickte Werbung des Nießbrauchers oder durch eine Wandlung der Absatzverhältnisse oder der-

dergleichen zugenommen hat, ist der Besteller zum Ausgleich dieses Mehrwerts nicht verpflichtet, weil dieser ja — anders als die hinzugekommenen Sachgüter und Rechte, um welche sich das Geschäftsvermögen vermehrt hat — nicht Eigentum des Nießbrauchers werden kann.

30. Das Ergebnis, daß der Eigentümer dem Nießbraucher die während des Nießbrauchs entstandenen Rücklagen zu ersetzen hat, soweit sie nicht auf bloßer Wertsteigerung der im Eigentum des Eigentümers verbliebenen Gegenstände des Anlagevermögens beruhen, ist so unbefriedigend, daß man geradezu nach einem Ausweg sucht, um zu einem anderen Ergebnis zu kommen. Man könnte glauben, zu einem solchen gelangen zu können, wenn man den Ton weniger auf die Rückgabeverpflichtung des Nießbrauchers und ihre Grenzen legt, dafür aber die Grenzen des Nutzungsrechtes des Nießbrauchers mehr betont. Sagt man, der Nießbraucher habe nur die Nutzungen zu bekommen und diese bestünden nur im Reingewinn — wie der gesetzliche Nutznießer nach § 1655 nur einen Anspruch auf den Reingewinn hat — so ergibt sich die Möglichkeit, auf dem Wege über eine Begrenzung des Reingewinnbegriffs ein anderes Ergebnis zu gewinnen. Diese Begrenzung des Reingewinnbegriffs müßte sich auf eine entsprechende Auslegung des Testamentes stützen. Ein Kaufmann, der den Nießbrauch an einem Handelsgeschäft vermacht, geht dabei von kaufmännischen Vorstellungen über den Reingewinn aus. Mit Recht sagt Affolter, Das Fruchtrecht S. 151: „Unter Reingewinn versteht der Kaufmann nicht das, was er als Gewinn hätte ausweisen und ausschütten können, sondern was er im Interesse einer Stärkung und stetigen Fortführung seines Unternehmens als Reingewinn in der Bilanz auszuweisen vorsichtigerweise für zweckmäßig findet." Dies ist so unbestreitbar richtig, daß dieser Gedanke ohne weiteres Geltung hat, wenn der Erblasser nicht den Nießbrauch, sondern den Reingewinn eines Handelsgeschäftes vermacht hat (siehe unten), oder wenn es sich um die elterliche Nutznießung handelt (siehe unten). Es wird zu untersuchen sein, ob dieser Gedanke nicht auch bei der Vorerbschaft anzuwenden ist. Beim Nießbrauch ist aber die Sachlage die, daß die Vermögensvermehrung sich am Vermögen des Nießbrauchers selbst vollzieht (während „Reingewinn" ja nur eine Rechnungsziffer ist), so daß es sich wirklich darum handelt, festzustellen, wie viel er zurückzugeben hat. Ein Wille, eine Anordnung des Erblassers, den Nießbrauch auf den Reingewinn abzüglich derjenigen offenen und stillen Rücklagen zu beschränken, die nach der ganzen Sachlage ordentlichen kaufmännischen Gewohnheiten entsprechen — es müßte immer ein solcher objektiver Maßstab und nicht das subjektive Gutbefinden des Nießbrauchers zugrunde gelegt werden —, würde sich also als Anordnung eines Rückvermächt-

nisses an den durch das Nießbrauchvermächtnis beschwerten Erben darstellen, welches der Nießbraucher aus dem ihm zuteil werdenden Vermögenszuwachs zu erfüllen hat. Die juristische Konstruktion ist künstlich und kompliziert; aber daran brauchte diese Lösung nicht zu scheitern. Sie führt dazu, zwischen nichtausgewiesenem und ausgewiesenem Gewinn zu unterscheiden; letzterer steht dem Nießbraucher zu, soweit er ausgewiesen werden konnte, ohne daß die Verpflichtung verletzt wurde, die üblichen Rücklagen zu stellen, ersterer, soweit er über diese hinausgeht.

31. So ungünstig nach Vorstehendem ohne solche Auslegung die Rechtslage für den Eigentümer — Besteller — ist, ist sie leider praktisch lange nicht so einfach, als vorstehend unterstellt; denn es wird kaum jemals vorkommen, daß für die abgehenden Stücke einfach Ersatzstücke angeschafft werden. Dies wird vielmehr stets Hand in Hand gehen mit einer Rationalisierung oder doch wenigstens mit der Anschaffung technisch vervollkommneter und darum wertvollerer Maschinen. Schon die Frage nach der dinglichen Surrogation wird in einem solchen Falle schwer zu beantworten sein, wenn nicht etwa die durchgeführte Maßnahme oder Neuanschaffung aus dem Erlös mehrerer Altstücke bezahlt werden kann. Noch schwieriger ist die Antwort auf die schuldrechtliche Frage, wie am Ende des Nießbrauchs der geldliche Ausgleich zu schaffen ist, wenn die erwähnte Voraussetzung nicht zutrifft. Besonders gilt dies aber dann, wenn der Nießbraucher, sei es auf Grund eigenen Entschlusses allein, oder sei es im Einverständnis mit dem Eigentümer, gezwungen durch die Entwicklung der Technik oder, um einen Vorsprung zu gewinnen oder festzuhalten, durchgreifende Rationalisierungen vorgenommen hat. Es ist in einem solchen Falle nichts anderes möglich, als auch wegen des Anlagevermögens einen bilanzmäßigen Gesamtvergleich an- und einer Nießbrauchseröffnungsbilanz eine Nießbrauchsschlußbilanz gegenüberzustellen. Aus diesem Vergleich ergibt sich dann, wie groß das Ausmaß der Neuinvestitionen war. Natürlich müssen beide Bilanzen im beiderseitigen Einverständnis aufgemacht sein.

Wenn man auch auf diese Weise feststellen kann, wie hoch die Neuinvestitionen des Nießbrauchers sind, so ist damit aber leider noch nicht die juristische Frage beantwortet, wer diese Aufwendung zu tragen hat. Im Falle einer solchen durchgreifenden Veränderung im technischen Bestande des Betriebes wird wohl niemals die Frage so gestellt werden können, ob der Besteller die Maschinen behalten will, weil er sie braucht, um den Betrieb fortführen zu können, ob er sie dem Nießbraucher zur Verwertung überlassen will. Ebensowenig wird sich jemals der Nießbraucher auf den Standpunkt stellen können, daß er Einrichtungen wegnehmen will. Der eine Teil wird gezwungen sein, sie zu behalten, der andere, sie jenem zu überlassen. Man kommt auch hier mit der Anwendung der Vorschriften über die auftraglose Geschäftsführung nicht zum Ziel; denn wie soll in einem solchen Falle, wenn der Nießbraucher nach eigenem Gutbefinden gehandelt hat, insbesondere, wenn der Besteller es abgelehnt hat, sich zu erklären, möglich sein, den Willen des letzteren festzustellen. Mag es noch so sehr zu mutmaßen sein, daß die Rationalisierung seinem Willen entspricht, muß daran doch stets die Einschränkung geknüpft werden, daß sie ihm sicher nur dann entsprochen hätte, wenn er die Aufwendungen dazu selbst aus dem Erträgnis machen oder rasch abschreiben konnte, aber nicht, wenn er sie bei Nießbrauchende dem Nießbraucher zu erstatten hat, weil dieser sie aus den Erträgnissen bestritten hat, welche ihm gebühren. Es kann auch nicht verkannt werden, daß Vergrößerungen und Erweiterungen mit bleibender Steigerung der Unkosten verbunden und darum, wenn die Konjunktur zu Ende ist, die sie veranlaßt hat, durchaus nicht immer von Segen sind. Auch hier entsteht das Dilemma, daß der Nießbraucher, wenn man ihm zumutet, derartige Invenstitionen schnell abzuschreiben, davon absehen wird, auch wenn sie erforderlich sind. Trotzdem wird man sagen müssen, daß er zu solchen Investitionen und letzterenfalls zu ihrer verstärkten Tilgung verpflichtet ist.

32. Der Nießbrauch kann außer durch Zeitablauf und Tod des Nießbrauchers auch dadurch endigen, daß das Handelsgeschäft im Ganzen verkauft oder abgewickelt wird. Beides ist regelmäßig wohl nur bei Übereinstimmung von Nießbraucher und Besteller denkbar, welche sich dann wohl auch vorher über alle im konkreten Fall auftretenden Fragen einigen werden. Ein Zwang zur Abwicklung könnte freilich auch ohne Einigung aus behördlicher Anordnung entstehen. Die erste Frage, die sich aufwirft, ist natürlich, ob der Nießbrauch sich am Reinerlös fortsetzt. Dies ist ohne abweichende Vereinbarung zu verneinen, da ein derartiger Surrogationsgrundsatz nicht gilt. Es braucht darum auch nicht entschieden werden, ob der Abwicklungserlös mündelsicher anzulegen wäre, so daß die Neuanlage dem Nießbrauch unterstünde oder, weil in Geld bestehend, in das Eigentum des Nießbrauchers überginge und bei Nießbrauchsende von ihm zu ersetzen wäre.

Die letzte Frage betrifft die Auseinandersetzung des Nießbrauchers und des Bestellers über den Erlös. Die Überlegungen, welche sich aufdrängen, wenn der Besteller das Geschäft weiterbetreibt, fallen hier natürlich fort. Das Entgelt für das Umlaufvermögen gebührt dem Nießbraucher abzüglich seiner Verpflichtung zum Wertsatz für das bei Nießbrauchbeginn vorhandene. Das Entgelt für das Anlagevermögen gebührt dem Besteller abzüglich des Erlöses für diejenigen Gegenstände, welche der Nießbraucher angeschafft hat, ohne daß sie durch Surrogation Eigentum des Bestellers geworden wären; ein Mindererlös für einzelne Stücke oder Ersatzstücke unter dem Wert der ursprünglichen Stücke bei Bestellung des Nießbrauchs, der auf normalem Verschleiß beruht, geht zu Lasten des Nießbrauchers, der ja entsprechende Abschreibungen zu machen hatte, weil, soweit Ersatzstücke noch nicht beschafft sind, der Betrag der Abschreibung sich im Umlaufvermögen befinden muß; ein Mehrerlös gebührt dem Nießbraucher, soweit er zusammen mit den normalen Abschreibungen den Anschaffungspreis des Ersatzstücks nicht übersteigt; ein weiterer Mehrerlös ist im Verhältnis des Wertes des ursprünglichen Stücks bei Nießbrauchbeginn zur Mehraufwendung des Nießbrauchers für das Ersatzstück zu teilen. Ein Mehr- oder Mindererlös für einzelne Gegenstände des Anlagevermögens, der auf konjunkturellen Ursachen, Fortschritten der Technik usw. beruht, betrifft denjenigen, dem das Stück gehört. Meist wird wie schon erwähnt, das Ersatzstück mehr als ein bloßer Ersatz des ursprünglichen Stücks sein. Der Erlös für das Ersatzstück, vermehrt um die normalen Abschreibungen, welche seit seiner Anschaffung zu machen waren, dürfte, soweit er den Anschaffungspreis übersteigt, im Verhältnis des Wertes des ursprünglichen Stücks bei Nießbrauchbeginn zu der vom Nießbraucher bei der Neuanschaffung gemachten Mehraufwendung aufzuteilen sein; dasselbe gilt von einem Mindererlös. Unterläßt es der Nießbraucher überhaupt, für ein abgegangenes Stück, das bei Beginn des Nießbrauchs vorhanden war, Ersatz zu schaffen, so hat er dessen Wert zu ersetzen; umgekehrt gebührt ihm der Erlös für ein von ihm angeschafftes Stück, welches kein Ersatzstück ist. Der goodwill gebührt in voller Höhe dem Besteller, auch wenn er den goodwill übertrifft, den das Geschäft bei Beginn des Nießbrauchs hatte, und diese Erhöhung auf der Tätigkeit und den Aufwendungen des Nießbrauchers beruht; er hätte auch bei Rückgabe des Geschäftes dafür keine Entschädigung vom Besteller verlangen können. Hat sich der goodwill verringert, so kann der Besteller vom Nießbraucher eine Entschädigung nur verlangen, wenn die Umsatz- und Gewinnrückgänge vom Nießbraucher verschuldet sind. Nach Vorstehendem kann sich sehr wohl ergeben, daß der Nießbraucher mehr herauszahlen muß, als ihn vom Verkaufs- bzw. Abwicklungserlös trifft. Bei richtiger Auseinandersetzung müssen sich darin etwa eingetretene Betriebsverluste ausdrücken, welche ja der Nießbraucher zu tragen hat, und Liquidations- und Konjunkturverluste am Umlaufvermögen.

33. Ein Nießbrauch, der auf Grund eines Vermächtnisses bestellt wird, und ein Nießbrauch, auf Grund einer freiwilligen entgeltlichen oder unentgeltlichen Vereinbarung sind grundsätzlich gleich zu behandeln. Praktisch wird überhaupt nur der erstere vorkommen. Auch die Erfüllung eines Nießbrauchvermächtnisses ist die Bestellung eines

Nießbrauchs unter Lebenden. Die vorstehenden Untersuchungen haben ergeben, wie oft die rechtliche Beurteilung der Rechtsbeziehungen unter den Beteiligten mangels jeglicher passenden Vorschrift zweifelhaft ist, wenn nicht in der letztwilligen Verfügung einschlägige erschöpfende Bestimmungen getroffen sind. Hat der Erblasser solche unterlassen, und läßt sich sein Wille darüber aus dem Testamente nicht ermitteln, so werden Erbe und Bedachter gut daran tun, diese Beziehungen bei der Bestellung des Nießbrauchs unter Zuziehung von betriebswirtschafts- und rechtskundigen Beratern zu regeln.

Es erschien mir unumgänglich, diese Schwierigkeiten darzustellen, welche sich ergeben, solange man auf das Gesetz allein angewiesen ist und nicht auf ergänzende oder abändernde Parteibestimmungen zurückgreifen kann. Die gesetzliche Regelung des Nießbrauchs dürfte sich ziemlich weit von dem entfernen, was in dem typischen Fall des Nießbrauchs kraft typischer Parteibestimmung gilt. Als typischer Nießbrauch dürfte die Anordnung des Nießbrauchs durch Testament anzusehen sein und zwar die Anordnung zugunsten des überlebenden Ehegatten oder eines Kindes (Sohnes oder Tochter) unter gleichzeitiger Berufung der Kinder bzw. Enkel zu Erben. Es wurde schon an anderer Stelle als lebensfremd bezeichnet zwischen solcher Vermächtnisanordnung und einer Vorerbschaft zu unterscheiden; denn den Erblassern ist diese Unterscheidung nicht geläufig, sie ist es wohl nicht einmal jedem Rechtskundigen, der sich nicht eingehend mit den sich aufwerfenden Fragen befaßt. Wenn Nießbraucher und Erbe in gerader Linie verwandt sind, wird man also ein solches Testament meist so auslegen können, daß auf ihr Verhältnis untereinander gelten soll, was bei einer Vorerbschaft gilt. Dies wird an anderer Stelle dieser Abhandlung untersucht. Es wird sich zeigen, daß im allgemeinen bei der Vorerbschaft die Verhältnisse einfacher und natürlicher liegen.

G. Das Reingewinnvermächtnis.

34. Es ist denkbar, daß der Inhaber eines Geschäftes letztwillig zwar das Geschäft seinen Erben hinterläßt, ohne es mit einem Nießbrauch zu belasten, aber den jährlichen Reinertrag ganz oder teilweise einem anderen vermacht. Natürlich kann auch in einem solchen Fall die Anordnung eines Nießbrauchs oder einer Vorerbschaft gemeint sein. Davon abgesehen liegt hier kein Nießbrauch vor; denn der Erblasser kann mit einem Vermächtnis immer nur den Nachlaß, d. h. sein Vermögen zur Zeit des Erbfalles belasten. Damit ist zwar nicht gesagt, daß der Vermögensvorteil, den der Erblasser dem Vermächtnisnehmer zuwendet (§ 1939 BGB.) unmittelbar aus dem Nachlaß dem Vermächtnisnehmer zufließen muß. Es kann auch sein, daß der dem Ver-

mächtnisnehmer zugewendete Vermögensvorteil sich beim Tode des Erblassers nicht im Nachlaß befindet. Aber immer muß er mit Mitteln des Nachlasses erworben werden können und beschränkt sich die Haftung des mit dem Vermächtnis belasteten Erben dem Vermächtnisnehmer gegenüber auf die Kräfte des Nachlasses. Zwar wird wohl nirgends bezweifelt, daß die künftigen Früchte und der künftige Gebrauch einer zum Nachlaß gehörigen Sache, obwohl sie im Zeitpunkt des Erbfalles noch nicht zum Nachlaß gehören, sowohl dinglich in Gestalt eines Nießbrauchs oder einer beschränkt persönlichen Dienstbarkeit als auch schuldrechtlich vermacht werden können — denn eine solche Abspaltung von einer zum Nachlaß gehörigen Sache ist gegenüber dem Vermächtnis der Sache selbst, mit welcher sie ja mitvermacht wäre, immerhin bloß ein weniger —; aber das Vermächtnis des Reingewinns eines vom Erben selbst unter seiner Haftung im eigenen Namen zu betreibenden Handelsgeschäfts — sei es auf Lebenszeit des Bedachten oder auf bestimmte Zeit — geht darüber weit hinaus und stellt gleichzeitig eine Verfügung über die künftigen zum Nachlaß nicht gehörigen Ergebnisse der Tätigkeit des Erben und des Einsatzes seiner persönlichen Haftung dar. Es ist daher als das Vermächtnis einer jährlichen Rente aufzufassen, deren Höhe von dem jährlichen Reinerträgnis abhängt; der Erbe ist berechtigt, unter Berufung auf seine beschränkte Erbenhaftung, die weitere Erfüllung des Vermächtnisses abzulehnen, sobald seine Leistungen den Wert des Nachlasses zur Zeit des Erbfalles erschöpfen (§ 1992 BGB.). Dem Wert des Nachlasses ist aber der jährliche Pachtwert hinzurechnen. Dies ergibt sich aus § 1978 BGB. in Verbindung mit § 667 BGB.; denn der erzielbare jährliche Pachtzins stellt den Gegenwert für die reinen Nutzungen des zum Nachlaß gehörigen Erwerbsgeschäfts ohne den Einsatz eigener Tätigkeit und eigener Haftung des Erben dar, die er nach §§ 1992, 1978, 667 BGB. zur Befriedigung der Nachlaßgläubiger herauszugeben hat. Der Erbe kann daher ein derartiges Vermächtnis auch in der Weise erfüllen, daß er das ererbte Handelsgeschäft verpachtet und dem Vermächtnisnehmer den Pachtzins überläßt. Ist der Erbe pflichtteilsberechtigt und wird durch das Vermächtnis sein Pflichtteil beeinträchtigt, so muß er den Erbteil ausschlagen und den Pflichtteil verlangen; derjenige, dem die Ausschlagung zustatten kommt, kann dann das Vermächtnis soweit kürzen, daß ihm der zur Pflichtteilslast erforderliche Betrag verbleibt (beides gilt auch bei einem echten Nießbrauchvermächtnis, wenn der belastete Erbe pflichtteilsberechtigt ist). In einem solchen Falle kann eine Fülle erbrechtlicher Schwierigkeiten entstehen, wenn nicht etwa infolge der Ausschlagung der Vermächtnisnehmer selbst Erbe wird.

Auch bei einem solchen Vermächtnis des Reinertrages spielt natürlich die zulässige Höhe der Abschreibungen, die Vergütung für die Führung des Geschäftes eine Rolle. Hat der Erblasser nichts bestimmt, muß man suchen, zu einer Vereinbarung zu kommen, wenn der Erbe nicht etwa vorzieht, das Geschäft, so er kann, zu verpachten (s. oben). Einen Verlust hat der Vermächtnisnehmer natürlich nicht zu tragen und es ist auch nicht als Wille des Erblassers zu unterstellen, daß der Bedachte, wenn Verluste eingetreten sind, den Reingewinn folgender Jahre den Erben überlassen muß, bis der Verlust ausgeglichen ist. Andererseits wird man (siehe oben F 33) den Willen des Erblassers dahin zu deuten haben, daß der Reingewinn nur nach Abzug der ordentlichen kaufmännischen Gepflogenheiten entsprechenden (offenen oder stillen) Rücklagen vermacht ist.

Am Verkauf oder der Abwicklung des Geschäftes ist der Erbe durch ein solches Vermächtnis nicht gehindert. Er macht sich dadurch schadenersatzpflichtig, weil er sein Unvermögen zur Erfüllung zu vertreten hat. Die beim Nießbrauch in einem solchen Falle auftretenden Fragen werfen sich also hier nicht auf. Es kommt auch nicht etwa in Frage, daß an Stelle des Reingewinns nun die Erträgnisse des Verkaufs- oder Abwicklungserlöses dem Bedachten gebührten. Hat ausnahmsweise der Erbe das Erfüllungsunvermögen nicht zu vertreten, weil er durch behördliche Anordnung gezwungen war, abzuwickeln, so reichen m. E. die Bereicherungsgrundsätze nicht hin, um dem Bedachten zu helfen. Denkbar wäre es, ihm die Erträgnisse des Erlöses wegen Rechtsähnlichkeit nach § 281 BGB. zuzusprechen (?). Ebenso dürfte die Entscheidung ausfallen, wenn man sie auf den Willen des Erblassers abstellt. Da offene oder stille Rücklagen, welche zu Lasten des Bedachten nach kaufmännischer Gepflogenheit gemacht worden sind, nunmehr ihrem Zweck nicht mehr dienen können, die Entwicklung und den Bestand des Geschäftes zu gewährleisten, werden sie nun dem Bedachten auszuzahlen sein.

II. Die gesetzliche Nutznießung.

35. Eine gesetzliche Nutznießung, Hand in Hand mit der gesetzlichen Verwaltung, ist dem Ehemann am eingebrachten Gut der Ehefrau und dem Inhaber der elterlichen Gewalt am eingebrachten Gut des minderjährigen Kindes eingeräumt. Sie hat ihre Wurzel im Familienrecht in der Munt des Mannes bzw. Vaters, seiner Stellung als Familienoberhaupt, und ist ihm zugestanden um seiner Verpflichtungen gegenüber der Familie willen. Dieser Gesichtspunkt mag bei einzelnen Zweifelsfragen als Richtschnur dienen, aber grundsätzlich spricht das Gesetz dem Ehemann oder elterlichen Gewalthaber alle

Früchte zu, auch wenn sie die Erfordernisse des Unterhalts der Familie übersteigen (§§ 1383, 1652 BGB.). Die gesetzliche Nutznießung ist dem Nießbrauch nicht vergleichbar, der ein beschränktes Recht an einer fremden Sache ist. Dennoch hat das Gesetz a. a. O. die Vorschriften über den Nießbrauch für anwendbar erklärt, sowohl, was Weise, als auch, was Umfang des Erwerbes der Nutzungen betrifft. Mit dieser Verweisung ist leider nichts weniger als eine volkstümliche und volksnahe Regelung dieser wie keine zweite das Leben des Volkes durchdringenden Rechtsmaterie erzielt worden; zudem ergibt sich, daß ihr teils wegen der verschiedenen Natur der Sache, teils wegen der gegebenen Sonderbestimmungen meist nicht gefolgt werden kann.

A. Des Ehemanns.

36. In allen Fällen, in denen die Ehefrau mit oder ohne Einwilligung des Ehemannes selbständig ein Erwerbsgeschäft betreibt, wird der Erwerb, also auch der Gewinn Vorbehaltsgut (§ 1367 BGB.). Fälle gesetzlicher Nutznießung sind sie ersichtlich nicht.

37. Nach überwiegender Meinung trifft dies auch zu, wenn der Mann im Namen und mit Vollmacht der Frau ihr Erwerbsgeschäft betreibt. Dies ist indessen zweifelhaft (vgl. S. 67 o.).

Das Gesetz befaßt sich überhaupt nicht mit dem der Stellung in der Familie, die es dem Manne zugewiesen hat, und dem Wesen der Ehe am meisten entsprechenden landläufigen Fall, daß ein der Frau gehöriges Erwerbsgeschäft vom Mann betrieben wird. Zwar werden sich bei einer harmonischen Ehe keine Meinungsverschiedenheiten unter den Eheleuten über die Geschäftsführung und über die Verwendung des Reingewinns ergeben, aber ebensowenig werden gerade in einer solchen Ehe die Eheleute, die sich als in einer Schicksalsgemeinschaft befindlich betrachten, schuldrechtliche Vereinbarungen über die Geschäftsführung und ihre Ergebnisse treffen. Der Mangel gesetzlicher und vertraglicher Bestimmung muß sich dann bei der Auflösung der Ehe störend fühlbar machen, sei es, daß die Ehe schließlich doch geschieden wird, oder sei es, daß der eine Gatte stirbt, und daß nun festgestellt werden soll, was von dem inzwischen eingetretenen Zuwachs des Geschäftsvermögens den Erben des Verstorbenen gehört.

Der Mann kann im Einverständnis mit der Frau das Geschäft in ihrem Namen führen. Er kann dies nur mit ihrem Einverständnis, weil er in diesem Fall ohne Vollmacht der Frau nicht auskommen kann; denn wenn er auch über einzelne Bestandteile des eingebrachten Gutes nach § 1376 BGB. ohne ihre Zustimmung verfügen kann, so kann er dies über andere nicht. Vor allem kann er sie nicht ohne Vollmacht verpflichten. Die Meinungen gehen darüber auseinander, ob sich dieser Fall überhaupt von demjenigen unterscheidet, in welchem die Frau selbst mit Zustimmung des Mannes ein Erwerbsgeschäft in ihrem Namen betreibt. Das Gesetz spricht in § 1367 von dem selbständigen Betrieb eines Erwerbsgeschäftes durch die Frau. Angesichts einer so durchgearbeiteten Gesetzesfassung, wie es die Fassung des BGB. ist, muß wohl angenommen werden, daß kein überflüssiges Wort gebraucht wird, und daß demnach das Wort „selbständig" eine eigene Bedeutung hat. Wer unter dem selbständigen Betrieb eines Erwerbsgeschäftes durch die Frau jeden Betrieb im Namen der Frau versteht, wird dem nicht gerecht. Gemeint dürfte nicht eine Selbständigkeit nach außen (Führung im Namen der Frau), sondern nach innen gegenüber dem Mann sein. Aber indem man einen Unterschied zwischen dem selbständigen Betrieb eines Erwerbsgeschäftes durch die Frau und dem Betrieb eines Erwerbsgeschäftes der Frau durch ihren Mann in ihrem Namen macht, hat man noch keine Folgerungen aus dieser Unterscheidung gewonnen. Würde man annehmen, daß in letzterem Fall § 1367 nicht gilt, der Erwerb durch den Betrieb sonach nicht Vorbehaltsgut, sondern eingebrachtes Gut wird, so wäre die Rechtslage folgende: Alles was der Mann durch den Betrieb des Erwerbsgeschäftes der Frau in ihrem Namen erwirbt, wird eingebrachtes Gut der Frau, also auch der Reingewinn, d. h. die Sachgüter, aus welchen sich der Vermögenszuwachs zusammensetzt; denn sie sind in ihrem Namen erworben, außerdem liegen die Voraussetzungen der Surrogation nach § 1381 BGB. vor, weil sich schwerlich wird sagen lassen, daß der Mann zwar im Namen der Frau erworben hat, aber trotzdem nicht für Rechnung des eingebrachten Gutes hat erwerben wollen. Diejenigen, welche hier den Grundsatz des § 1367 verneinen, daß der Erwerb Vorbehaltsgut wird, sagen zum Teil, der Reingewinn gebühre dem Mann. Aber daraus, daß er nicht Vorbehaltsgut, sondern eingebrachtes Gut wird, folgt nicht, daß er schuldrechtlich dem Mann gebührt. Wenn man § 1367 als Ausnahme von § 1383 zu betrachten hat, und wenn man weiter, was zweifelhaft ist, in dem Betrieb des Erwerbsgeschäftes durch den Mann im Namen der Frau nicht den selbständigen Betrieb eines Erwerbsgeschäftes durch die Frau erblickt, also § 1383 BGB. für anwendbar ansieht, so ergeben sich aus der Verweisung auf das Nießbrauchsrecht zugunsten des Mannes neue Zweifel; denn der Mann betreibt das Geschäft unter der Haftung der Frau. Es ist unter I. 4 a. E. dargelegt worden, daß es keinen Nießbrauch an der Haftung eines anderen gibt. Die Vorteile, die der Gebrauch einer Sache, hier des Erwerbsgeschäfts, gewährt, muß der Nießbraucher gewinnen, ohne daß er den Eigentümer verhaftet. Es läßt sich daher, auch wenn man trotz gewisser Bedenken § 1383 auf unseren Fall anwendet, daraus nicht ableiten, daß dem Mann der

Reingewinn gebührt. Ich glaube daher, daß er auch in diesem Fall nur einen Anspruch auf einen Beitrag aus dem Reingewinn zu den Kosten des ehelichen Aufwandes nach § 1427 BGB. hat, d. h. er ist zu entsprechenden Entnahmen berechtigt. Bei Beendigung der Ehe hat er das Erwerbsgeschäft herauszugeben und über seine Verwaltung Rechenschaft abzugeben (§ 1421). Der Mann haftet der Frau für Sorgfalt in eigenen Angelegenheiten. Darüber hinaus hat er den Verlust nicht zu tragen. Der Verlust trifft vielmehr die Frau. Ob er unter entsprechender Anwendung des § 1655 auf den Beitrag zu den Kosten des ehelichen Aufwandes aus einem erzielten Gewinn verzichten muß, solange der Verlust früherer Jahre nicht aufgeholt ist, ist wiederum fraglich. Mir selbst scheint § 1655 nicht anwendbar zu sein; denn die Lebensgemeinschaft zwischen Mann und Frau, welche Opfer der Frau für den gemeinsamen Aufwand auch auf Kosten der Substanz ihres Vermögens begründet, ist eben etwas anderes als das Verhältnis des Kindes zum Vater.

38. a) Es ist indessen auch denkbar, daß der Mann das zum Eingebrachten seiner Frau gehörige Erwerbsgeschäft nicht in ihrem, sondern im eigenen Namen führt. Er muß sich hierzu als dessen Inhaber im Handelsregister eintragen lassen. Eine Befugnis dazu wird aus seinem Recht hergeleitet, das Frauenvermögen zu verwalten. Nichtsdestoweniger bedarf er zu seiner Eintragung im HR. der Mitwirkung seiner Frau; auch diese ist berechtigt, vom Manne zu verlangen, daß er sich eintragen läßt, sei es, daß sie ihm Vollmacht versagt hat und er das Geschäft deshalb, sei es, daß er es von vornherein im eigenen Namen betreiben will. Davon abgesehen, scheint mir die Verwaltungsbefugnis des Mannes das Recht nicht zu umfassen, die Firma zu gebrauchen, die ein Name ist, der Name, unter dem der Kaufmann im Handel seine Geschäfte betreibt, und seine Unterschrift abgibt (§ 17 HGB.), also ein höchst persönliches Recht ist. Wenngleich der Mann kraft seines Nutznießungsrechtes über das Umlaufvermögen verfügen kann (§ 1376) und, wenn er das Geschäft im eigenen Namen betreibt, auch auf eine Vollmacht der Frau nicht angewiesen ist, so ist aus dem angegebenen Grunde der Mann doch zum Betrieb des Erwerbsgeschäftes der Frau auch im eigenen Namen nicht in der Lage, wenn sie ihm die Zustimmung verweigert, die Firma zu führen; andererseits kann er das Geschäft auch nicht ohne die bisherige Firma unter einer eigenen Firma führen; denn er ist verpflichtet, das eingebrachte Gut zu erhalten und darüber Rechenschaft zu legen (§ 1422 BGB). Es würde aber eine Schädigung des eingebrachten Gutes sein, für welche der Mann nach § 1359 der Frau auf Schadenersatz haften, die u. U. auch eine Klage der Frau auf Aufhebung der Verwaltung und Nutz-

nießung nach § 1448 Z. 1 BGB. rechtfertigen würde, wenn er die Firma eingehen ließe.

Es kann sonach das Geschäft weder (nach Familienrecht und Auswirkung des Familiengüterechts) selbständig von der Frau ohne Zustimmung des Mannes im eigenen Namen noch von dem Mann ohne Zustimmung der Frau in ihrem oder in seinem Namen betrieben werden. Immer ist Einigung erforderlich. Es besteht daher die Neigung, zu sagen, daß die Ehegatten, wenn sie sich ohnedies darüber einigen müssen, von wem und in wessen Namen das Geschäft betrieben werden soll, sich auch über alle Einzelheiten einigen werden. Dem ist aber nicht so. Zweifellos ist es den Eheleuten zu empfehlen, wenn zum Vermögen der Frau ein Erwerbsgeschäft gehört, einen Ehevertrag zu schließen, sei es, um das Erwerbsgeschäft einfach zum Vorbehaltsgut der Frau zu erklären, sei es, um eine andere nach innen und außen geltende, in das Güterrechtsregister einzutragende Regelung nach eigenem Geschmack zu finden (§§ 1432, 1433). Die Regel wird dies aber nicht sein. Wenn die Eheleute sich gut verstehen, wird vielmehr die Regel sein, daß sie sich schlüssig machen, wem und in wessen Namen das Geschäft betrieben werden soll, ohne Bestimmungen über Einzelheiten oder selbst darüber zu treffen.

b) Ist die Frau damit einverstanden, daß der Mann das Geschäft im eigenen Namen führen will, und hierzu die Firma der Frau gebraucht, so scheinen mir alle Voraussetzungen gegeben zu sein, unter denen § 1383 anwendbar ist; denn in diesem Fall handelt es sich infolge eigener Tätigkeit und eigener Haftung des Mannes in der Tat nur mehr darum, daß er das Handelsgeschäft und die ihm gewidmeten Gegenstände — zum Teil, soweit sie verbrauchbar sind, durch ihre Veräußerung oder ihren Verbrauch — gebraucht und die Vorteile zieht, welche der im eigenen Namen und unter eigener Haftung gemachte Gebrauch gewährt. In diesem Fall halte ich also die Verweisung auf das unter Abschnitt I dieser Darstellung geschilderte Nießbrauchsrecht für befolgbar. Meist wird man hier infolge des Einverständnisses der Frau einen sogenannten Dispositionsnießbrauch unterstellen dürfen, d. h. der Mann kann über § 1376 BGB. hinaus nicht nur über das Umlaufvermögen, sondern auch über Gegenstände des Anlagevermögens ohne besondere Zustimmung der Frau verfügen, wie überhaupt der nießbrauchrechtliche Grundsatz der Verfügungsbefugnis salva rei substantia im Hinblick auf das Verwaltungsrecht des Mannes mit geringerer Strenge anzuwenden sein dürfte. Nur bei Grundstücken und Rechten, die im Grundbuch eingetragen sind, wird wegen der grundbücherlichen Legitimation immer auch die Mitwirkung der Frau erforderlich sein, wenn nicht die materielle Zustimmung, so doch die formelle Eintragungsbewilligung. Zunächst würde freilich aus dem

Surrogationsgrundsatz des § 1381 BGB. folgen, daß der gesamte Erwerb des Mannes auch in diesem Falle, in welchem er über Gegenstände des eingebrachten Vermögens im eigenen Namen verfügt und Verpflichtungen im eigenen Namen unter eigener Haftung eingeht, dem eingebrachten Gut zustatten kommt. Aber der Grundsatz der Surrogation greift nach § 1381 BGB. nicht durch, wenn der Mann den mit Mitteln des eingebrachten Gutes gemachten Erwerb nicht für Rechnung des eingebrachten Gutes machen will. Es wird in einem solchen Falle immer zu unterstellen sein, daß die Voraussetzung dieser Ausnahme vorliegt. Für das Grundstücksinventar (Maschinen, die zu einem Fabrikgebäude gehören) sieht allerdings § 1378 BGB. in Verbindung mit § 1048 BGB. die Verfügungsbefugnis des Ehemannes und den Grundsatz der Surrogation vor, ohne daß es auf den Willen des Mannes ankäme, ob er für sich oder das eingebrachte Gut erwerben wollte. Es ist also, wie beim Nießbrauch, zwischen Anlage- und Umlaufvermogen zu unterscheiden. Während das erstere Eigentum der Frau und der ehemännlichen Nutznießung unterworfen bleibt, geht das letztere allmählich ganz in das Eigentum des Mannes über. Der Vermögenszuwachs kommt ihm zu. Er hat bei Beendigung der Verwaltung und Nutznießung das übernommene Betriebsvermogen und das Erwerbsgeschäft als solches und die von ihm übernommenen Sachgüter wieder herauszugeben in dem Zustande, der einer nach § 1359 angemessenen Verwaltung entspricht; hat er Sachguter veräußert, muß er nach § 1377 den Wert zu ersetzen. Es gilt auch hier das unter I 26ff. über Wertersatz in Natur oder Geld Gesagte. Darnach ergibt sich auch hier, daß nicht nur der Gewinn dem Manne zusteht, sondern auch, daß nach dem oben uber den Nießbrauch entwickelten Gesichtspunkten der Verlust von ihm zu tragen ist, und zwar auch, soweit er ihn nicht verschuldet hat. Gewinne, welche durch Realisierung von stillen Reserven (des Umlauf- oder des Anlagevermogens) entstehen, welche schon bei Beginn der Ehe vorhanden waren, gebühren dem Manne nicht, sondern der Frau; auch dies ergibt sich aus dem Grundsatz des Wertersatzes. Auch andere Gewinne, welche keine Betriebsgewinne sind und durch Wertsteigerungen entstehen, die Gegenstände des Anlagevermögens während der Verwaltung und Nutznießung des Mannes erfahren, gebuhren, auch wenn der Mann sie im eigenen Namen veräußert und die Ersatzstücke im eigenen Namen anschafft, gleichfalls der Frau; dies ergibt sich daraus, daß diese Gegenstände ihr Eigentum bleiben, auch daraus, daß, wenn man keinen Dispositionsnießbrauch auf Grund unterstellter allgemeiner Einwilligung der Frau voraussetzt, es zur Veräußerung solcher Gegenstände der besonderen Einwilligung der Frau bedarf, wenn es nicht Inventarstücke sind. In beiden Fällen der unterstellten allgemeinen und der erklärten besonderen

Einwilligung der Frau ist diese dahin auszulegen, daß der Frau der volle bei der Veräußerung erzielte Gegenwert verbleiben soll. Es entspricht sowohl der auch hier erforderlichen Vereinbarung der Ehegatten als der Verwaltungspflicht des Mannes als dem Zweck, um dessentwillen ihm die Nutznießung am Frauengut eingeräumt ist, daß er stille und offene Reserven zu schaffen und der Frau bei Beendigung seiner Nutznießung zu überlassen hat.

c) Wenn der Mann den Verlust des in seinem Namen betriebenen Erwerbsgeschäftes der Frau zu tragen hat, so wirft sich hier die Frage auf, wie er denn für die Zukunft dieser Folge entgehen kann. Eine Kündigung der Verwaltung und Nutznießung gibt es nicht. Das Gesetz (§ 1417 BGB.) räumt der Frau unter gewissen Voraussetzungen das Recht ein, auf Aufhebung der Verwaltung und Nutznießung zu klagen, aber nicht dem Mann. Soll er nun gezwungen sein, das Geschäft weiter zu führen, obwohl es ihm dauernd Verlust bringt? Dies ist zu verneinen. Der Mann ist nach § 1374 BGB. allerdings verpflichtet, das eingebrachte Gut ordnungsmäßig zu verwalten. Aber daraus kann man nicht herleiten, daß er verpflichtet ist, ein zum eingebrachten Gut gehöriges Erwerbsgeschäft unter eigener Verlustgefahr und Haftung zu betreiben. Er kann daher die Betriebsführung im eigenen Namen jederzeit niederlegen und das Geschäft stillegen, wenn die Frau sich weigert, ihm Vollmacht zu geben, und ihre Zustimmung dazu zu erteilen, daß es durch ihren Mann auf ihre Gefahr betrieben wird. Dies ergibt sich daraus, daß es ohnedies — selbst wenn der Mann für die Verluste aufzukommen hat und demnach theoretisch die Substanz des Frauenvermögens erhalten bleibt –, einer ordnungsgemäßen Verwaltung mehr entspricht, den Betrieb stillzulegen als den Verlust der Substanz des Frauenvermögens und seine Auflösung in Erstattungsansprüche gegen den Mann hinzunehmen.

Selbstverständlich ist, daß die Ehegatten auch vereinbaren können, daß der Mann das Geschäft im eigenen Namen, aber für Rechnung der Frau betreiben soll.

d) Auch die oben für die Auseinandersetzung zwischen Nießbraucher und Besteller über den Verkaufs- oder Abwicklungserlös aufgestellten Grundsätze halte ich für anwendbar, wenn das vom Mann im eigenen Namen betriebene Erwerbsgeschäft während der Ehe verkauft wird. Diese führen auch dazu, daß die von ihm gestellten offenen und stillen Rücklagen, soweit noch vorhanden, ihm aus dem Erlös zufließen müssen, da sie sich entweder im Umlaufvermögen oder in Gegenständen des Anlagevermögens darstellen müssen, die nicht Ersatzstücke sind.

39. Wenn beide Ehegatten gemeinsam ein Handelsgeschäft als Mitinhaber betreiben, so bilden sie eine Handelsgesellschaft, die eine offene Handelsgesellschaft oder eine Kommanditgesellschaft sein

kann; letzterenfalls kann der Mann oder die Frau Komplementär sein. Nach allgemeiner Meinung betreibt die Frau das Handelsgeschäft bei der offenen HG. selbständig, selbst, wenn sie von der Geschäftsführung ausgeschlossen ist, als Komplementärin bei der KG. erst recht, auch wenn der Mann mit Vollmacht oder Prokura die Geschäfte führt. Als Kommanditistin dagegen betreibt sie das Geschäft nicht selbständig. Nach der Regel des § 1367 BGB. würde in den beiden ersteren Fällen der Erwerb Vorbehaltsgut werden. Da der Erwerb aber zunächst Zuwachs an gemeinschaftlichem (Gesellschafts-) Vermögen ist und der einheitlich sich auf das gesamte jeweilige Gesellschaftsvermögen erstreckende Anteil der Frau nicht in Vorbehaltsgut und eingebrachtes Gut aufgespalten werden kann, beschränkt sich die Tragweite des § 1367 auf den nach Gesetz oder Gesellschaftsvertrag in einen individuellen Geldanspruch umgesetzten d.h. ausgeschütteten Gewinnanteil (s. hierüber unter IV B). Erst recht wird der auf die Frau als Kommanditistin entfallende Gewinn, wenn die Einlage aus Eingebrachtem stammte, eingebrachtes Gut. Dem Manne gebührt er als Frucht nur soweit er ausgeschüttet wird (s. unter IV B). Soweit die Frau nach dem Gesellschaftsvertrag am Verlust beteiligt ist, hat selbstverständlich sie ihn zu tragen.

B. Des Inhabers der elterlichen Gewalt.

40. Der andere Fall gesetzlicher Nutznießung an einem Erwerbsgeschäft ist die Nutznießung des elterlichen Gewalthabers an einem Erwerbsgeschäft des Kindes.

Der Fall ist freilich selten, daß das Kind bei Lebzeiten des eigenen Vaters ein Erwerbsgeschäft hat, es sei ihm denn im Erbgang von der Mutter oder deren Vater überkommen. Häufiger dürfte der Fall sein, daß der Mutter die elterliche Nutznießung an einem dem Kinde vom Vater vererbten Geschäft zusteht. Sie steht in den hier interessierenden Beziehungen dem Vater gleich. Die gesetzlichen Vorschriften sind wieder spärlich und hüllen sich gerade zu den wichtigsten Fragen in Schweigen.

Man erfährt (§ 1651 Ziff. 1 BGB.), daß von der gesetzlichen Nutznießung des Gewalthabers ein Erwerbsgeschäft ausgeschlossen ist, welches das Kind mit Einwilligung (§ 112 BGB.) des Gewalthabers selbständig betreibt. Dieser gewiß seltene Fall scheidet von dieser Betrachtung aus. Auch hier ist anzunehmen, daß sich das Erfordernis der Selbständigkeit auf das Verhältnis des Kindes zum Gewalthaber bezieht; aus § 1655 BGB. im Zusammenhalt mit § 1651 Ziff. 1 geht sogar unmittelbar hervor, daß der bloße Betrieb im Namen des Kindes nicht ausreicht, um die Selbständigkeit im Sinne der letzteren

Vorschrift darzustellen. Man kann daraus auch Rückschlüsse ziehen für das gleiche Problem im Falle des Betriebes eines Erwerbsgeschäftes durch den Mann im Namen der Ehefrau (s. 37).

Man erfährt weiter (§ 1645 BGB.), daß der Gewalthaber ein neues Erwerbsgeschäft nicht ohne Genehmigung des Vormundschaftsgerichts im Namen des Kindes beginnen soll, und daß er zum entgeltlichen Erwerb und zur Veräußerung eines Erwerbsgeschäftes namens des Kindes der Genehmigung des Vormundschaftsgerichts bedarf (§§ 1643, 1822 Ziff. 3).

Von den Rechten des Nutznießers bezüglich des dem Kinde gehörigen Erwerbsgeschäftes spricht nur § 1655.

Nach dieser Gesetzesstelle gebührt dem Vater, wenn zu dem seiner Nutznießung unterliegenden Vermögen ein Erwerbsgeschäft gehört, das er im Namen des Kindes betreibt, der sich aus dem Betrieb ergebende jährliche Reingewinn. Ergibt sich in einem Jahr ein Verlust, so verbleibt der Gewinn späterer (nicht auch früherer) Jahre bis zur Ausgleichung des Verlustes dem Kinde. Das Erwerbsgeschäft unterliegt also, wie selbstverständlich, der Verwaltungsbefugnis des Vaters, der es als gesetzlicher Vertreter des Kindes in dessen Namen betreibt; seine Nutznießung schwächt sich aber in einen schuldrechtlichen Geldanspruch ab, dessen rechnerische Höhe durch den im Betrieb erzielten jährlichen Reingewinn bestimmt wird.

41. Es ist schon unter I ausgeführt, daß, wenn der Vater das Erwerbsgeschäft im Namen des Kindes betreibt, naturnotwendig, alle Vermögensveränderungen, welche der Betrieb des Geschäftes verursacht, sich unmittelbar am Kindesvermögen vollziehen, sowohl ein Zuwachs an neuen Sachgütern und Rechten, der sich bilanzmäßig in einer Ziffer als Reingewinn ausdrückt, als auch umgekehrt ein Schwund von solchen, der sich bilanzmäßig in der Verlustziffer darstellt. Um diesen Zuwachs in das Vermögen des Nutznießers zu überführen, ist ihm ein schuldrechtlicher Anspruch auf diesen Zuwachs eingeräumt, aber nicht auf die zugewachsenen Güter in Natur — dies wäre schon deshalb nicht möglich, weil sich diese ja gar nicht individualisieren lassen —, sondern auf einen ihrem Bilanzansatz entsprechenden Geldbetrag. Indessen: „Hier stock ich schon!" Beschränkt sich der Anspruch wirklich auf einen geldmäßigen Ausgleich der zugewachsenen Güter, d. h. der eingetretenen Vermögensvermehrung, wie mir selbstverständlich erscheint und auch dem Wortlaut der gesetzlichen Bestimmung zu entnehmen ist, oder erstreckt er sich, wie man meist in den Erläuterungswerken liest, auf den bilanzmäßigen Reingewinn, der sich aus einer nach kaufmännischen Grundsätzen aufgestellten Bilanz ergibt? Letzterer ist mit dem Vermögenszuwachs eines Jahres, dem jährlichen Betriebsgewinn, nicht zu verwechseln. Er ist eine Ziffer.

der ein echter Vermögenszuwachs gegenüberstehen, die aber auch auf bloßer Höherbewertung nicht realisierter Wirtschaftsgüter oder auf einer Auflösung stiller Reserven beruhen kann, die keinen Betriebsgewinn darstellt. Soweit es sich um stille Reserven handelt, die auf dem Umlaufsvermögen, insbesondere dem Warenlager schwebten, und durch Umsatz des Umlaufvermögens realisiert worden sind, mag es zuweilen angehen, den aus der Auflösung sich ergebenden Bilanzgewinn dem Nutznießer zuzusprechen — dann, wenn die stille Rücklage während der Dauer seiner Nutznießung geschaffen worden war. Dasselbe gilt unter der gleichen Voraussetzung auch von freiwerdenden Rückstellungen für nicht eingetretene Risiken. Für ausgeschlossen halte ich dies aber immer bei Buchgewinnen, die durch bloße Höherbewertung von Aktiven oder durch Unterlassung von Abschreibungen, sei es auch auf voll abgeschriebene Gegenstände, oder sonstige Auflösung stiller Rücklagen entstehen, die nicht der Gewalthaber gestellt hat. Da das Kindesvermögen nach seinem wahren Werte und in seinem vollen Bestande, nicht bloß nach Maßgabe einer bei Beginn der Nutznießung angenommenen Bewertungsziffer erhalten bleiben muß, ist mir nicht zweifelhaft, daß die übliche Lesart unzulässig ist, wonach dem Vater der bilanzmäßige Reingewinn gebührt, während das Gesetz mit Recht nur von dem sich aus dem Betrieb ergebenden (nicht dem aus der Bilanz ersichtlichen) jährlichen Reingewinn spricht. Freilich wird es, da Betriebsgewinn und Bilanzgewinn voneinander verschieden sind, oft zu unbequemen Rechenarbeiten führen, wenn der dem Vater gebührende Gewinn ermittelt werden soll. Es ist hier ähnlich wie bei der Steuerbilanz. Auch sie weicht von der handelsrechtlichen Bilanz oft beträchtlich ab. Hier muß für den Gewinnanspruch des Vaters noch eine weitere Bilanz aufgestellt werden.

Das Gesetz beläßt den Reingewinn dem Kinde, soweit er zum Ausgleich des Verlustes früherer Jahre benötigt wird. Auch hierzu ist zu sagen, daß es unzulässig wäre, den Verlustausweis dadurch zu vermeiden, daß die Bilanzansätze erhöht oder stille Reserven aufgelöst werden. Ebenso wäre es unzulässig, einen entstandenen Verlust im folgenden Jahre durch derartige Mittel wieder aus der Bilanz verschwinden zu lassen. Der Verlust muß vielmehr aus dem echten Betriebsgewinn getilgt sein, bevor für den Vater wieder ein Gewinnanspruch entstehen kann. Erwägenswert ist, in solchen Verlustjahren dem Vater ein angemessenes Entgelt für seine Tätigkeit zuzubilligen, höchstens in der Höhe, wie auch ein Fremder ein solches beanspruchen würde. Die Verwaltung des Kindesvermögens ist freilich elterliche Pflicht des Vaters, die er unentgeltlich zu erfüllen hat. Andererseits entspricht es der Stellung und den Pflichten des Vaters gegenüber der

Gesamtfamilie als ihres Ernährers die Frage dann zu bejahen, wenn er weitere Einkünfte nicht hat und seine ganze Arbeitskraft dem Unternehmen des Kindes widmet.

42. Soweit es sich um die Bildung offener und stiller Rücklagen im Rahmen dessen handelt, was bei soliden Kaufleuten üblich ist, wird sich von vornherein der Gewinnanspruch des Vaters um ihren Betrag mindern. Was hat aber zu gelten, wenn der Vater darüber hinaus Gewinn stehen läßt? Liegt der Grund darin, daß er ihn dem Kind belassen will, so wird er entweder das Kapitalkonto des Kindes entsprechend erkennen oder durch Abschreibungen oder Unterbewertungen stille Rücklagen schaffen. Ersteres halte ich für endgültig und unwiderruflich. Stille Rücklagen auf dem Umlaufvermögen (durch Abschreibungen oder Unterbewertungen oder durch übermäßige Rückstellungen für Risiken) wird man nicht ohne weiteren Anhaltspunkt als einen endgültigen Verzicht des Vaters auf den Gewinnanspruch deuten können. Dagegen dürften überhöhte Abschreibungen auf Gegenstände des Anlagevermögens diese Deutung zulassen, aber auch nur mit Einschränkungen. So können stille Rücklagen, welche durch übermäßige Abschreibungen auf das Anlagevermögen gestellt werden, in späteren Jahren sich von selbst wieder dadurch auflösen, daß Abschreibungen auf die schon abgeschriebenen Gegenstände unterbleiben, wodurch der bilanzmäßige Reingewinn größer wird als der eigentliche Betriebsgewinn; hier wird man nicht umhin können, dem Vater, wenn er die überhöhten Abschreibungen vorgenommen hatte, den ihnen entsprechenden auf Unterlassung weiterer Abschreibungen beruhenden Mehrgewinn der späteren Jahre voll zuzusprechen, aber es wird ihm nicht zuzubilligen sein, daß er bei Ende der Nutznießung einen Geldanspruch in Höhe der von ihm geschaffenen nicht auf einem der angegebenen Wege wieder aufgelösten Rücklagen erhebt.

Bedenken gegen die Möglichkeit des Verzichtes sind aus § 181 BGB. nicht herzuleiten; denn wenn der Vater auf die Erfüllung einer ihm zustehenden Forderung verzichtet, ist dieser Verzicht auf die Erfüllung im Sinne des § 181 BGB. der Erfüllung gleichzusetzen. Man kann auch Gestattung zum Selbstkontrahieren durch die Verkehrsauffassung annehmen (vgl. KG. i. OLG. 22 S. 158).

Nicht selten wird der Vater den Gewinn aus Mangel an flüssigen Mitteln stehen lassen müssen. Er wird sich dann selbst als Gläubiger erkennen. Wünschenswert ist es nicht, wenn auf diese Weise das Geschäft immer mehr gegenüber dem Vater verschuldet wird, der es auf diesem Wege ganz in die Hand bekommen kann, besonders, da die Verjährung der sich häufenden Gewinnrückstände während der Minderjährigkeit des Kindes gehemmt ist (§ 204 BGB.) und es außerdem (wenigstens mir) sehr zweifelhaft ist, ob nach Volljährigkeit des Kindes die kurze vierjährige Verjährungsfrist des § 197 BGB. oder die regelmäßige dreißigjährige gilt.

43. Der Anspruch des Vaters auf den Reingewinn ist, solange er nicht fällig ist, weder abtretbar noch pfändbar (§ 862 ZPO., 400 BGB.). Wann wird der Anspruch fällig? Spätestens nach seiner Feststellung, also nach Fertigstellung der Bilanz. Von da ab kann der Anspruch gepfändet werden. Auch hierin liegt, wenn stehengebliebene Gewinne sich häufen, eine große Gefahr für das Kind. Stunden kann der Vater den Anspruch nicht (§ 181 BGB.), es sei denn, daß dafür ein besonderer Pfleger aufgestellt wird (nicht einmal die Mutter kann das Kind bei einem solchen Stundungsvertrag mit dem Vater vertreten, weil es sich nicht bloß um eine tatsächliche, sondern um eine rechtliche Verhinderung des Vaters handelt, § 1685 BGB. und wegen §§ 1630, 1795 Ziff. 1, 1686 BGB.). Dagegen hat er den eigenen Anspruch durch Feststellung der Bilanz, wozu er an Stelle des Kindes öffentlichrechtlich verpflichtet ist, selbst festzustellen.

44. Nach der herrschenden Meinung soll sich aus dem elterlichen Nutznießungsrecht nicht ohne weiteres ergeben, daß der Vater das Geschäft auch im eigenen Namen und für eigene Rechnung führen kann, wozu auch gehört, daß er sich im Handelsregister als Firmeninhaber eintragen läßt. Es soll dazu ein Vertrag mit dem Kinde, vertreten durch einen Pfleger, über die Bestellung eines Nießbrauchs und nach §§ 1643 Abs. 1, 1822 Ziff. 3 vormundschaftsgerichtliche Genehmigung erforderlich sein.

Dies scheint mir nicht richtig; denn es ist nicht einzusehen, warum das Verwaltungsrecht des Ehemannes nach der herrschenden Meinung die Befugnis gewähren soll, ein Erwerbsgeschäft der Ehefrau im eigenen Namen zu führen, das Verwaltungsrecht des Vaters aber eine entsprechende Befugnis nicht. Allerdings ist zur Fortführung der Firma die Zustimmung des Kindes notwendig, die nur durch einen zu diesem Zweck aufzustellenden Pfleger erklärt werden kann. Aber diese Notwendigkeit, einen Pfleger aufzustellen, ist nicht gleichbedeutend mit dem Erfordernis, vormundschaftgerichtlicher Genehmigung.

Wie unter A 38 erscheint mir in dem Falle, daß der Vater das Erwerbsgeschäft des Kindes im eigenen Namen führt, die Verweisung auf das Nießbrauchsrecht (§ 1652 mit 1653 BGB.) durchaus befolgbar und alles anwendbar, was unter I ausgeführt wurde. Es spielt keine Rolle, daß es einer §§ 1378, 1048 BGB. entsprechenden Bestimmung fehlt. Der Vater kann zwar infolgedessen Maschinen nur namens des Kindes verkaufen und neue Maschinen, da er das erlöste Geld, nicht für sich verwenden darf, ohne die Zustimmung des Vormundschaftsgerichtes einzuholen (§ 1653 BGB.), nur für das Kind erwerben, wenn er nicht eigene Mittel aufwendet; aber auch nach §§ 1378, 1048 BGB. gilt der Grundsatz der Surrogation, so daß das Ergebnis dasselbe ist.

Nach meiner Meinung ist es für das Kind ein Vorteil, wenn der Vater das Geschäft im eigenen Namen betreibt. Ist doch das Kind auf diese Weise vor Verbindlichkeiten und vor dem Verlustrisiko bewahrt, da letzteres bei dieser Gestaltung der Vater trägt.

In einer freilich wichtigen Beziehung ergibt sich jedoch eine Abweichung von I: Der Rückgriff auf die Auslegung des Nießbrauchvertrages oder des Testamentes versagt, weil weder das eine noch das andere vorliegt (wer freilich einen Nießbrauchvertrag und dazu vormundschaftsgerichtliche Genehmigung für notwendig hält, wird darin auch die Gelegenheit sehen, alle Einzelpunkte zu regeln).

45. In allen Fällen ist die Haftung des Vaters auf Sorgfalt in eigenen Angelegenheiten abgeschwächt (§ 1664 BGB.).

46. Wie ist es, wenn der Vater eigenes Geld in das Geschäft des Kindes hineinwirft? Betreibt er es im Namen des Kindes, so kann darin eine Schenkung oder eine Darlehnsgewährung liegen. Man wird die Art der Buchung als symptomatisch dafür betrachten können, was der Vater gewollt hat. Aber es ist zu beachten, daß sowohl Schenkung wie Darlehen Verträge sind, die der Vater nicht mit sich selbst namens des Kindes abschließen kann (§ 181 BGB. bzgl. der Schenkung, vgl. jedoch OLG. 22 S. 158). Ist das Kind über 7 Jahre alt, kann es die Schenkung wohl selbst annehmen, aber nicht, wenn es jünger ist, und, davon abgesehen, wird der Vater in den seltensten Fällen das minderjährige Kind in die Betriebsvorgänge einweihen. Ob jünger oder älter als 7 Jahre, kann das Kind eine Darlehnsverpflichtung nicht eingehen. Regelmäßig wird also die Bestellung eines Pflegers notwendig sein, wenn eine Schenkung oder ein Darlehen vereinbart werden soll. Die Bereicherungsgrundsätze versagen — mindestens beim Darlehen —, da der Vater — mindestens bei diesem — ja weiß, daß der bezweckte Erfolg nicht eintreten kann (§ 814 Abs. 2 BB, wahren die Interessen des Vaters auch nicht genügend). Desgleichen werden die Grundsätze über Aufwendungen auf eine fremde Sache regelmäßig nicht anwendbar sein (eine solche liegt z. B. keinesfalls vor, wenn der Vater aus eigenen Mitteln einen Bankkredit abdeckt, der infolge schlechten Geschäftsganges aufgenommen werden mußte). Wohl aber werden die Bestimmungen über die Geschäftsführung ohne Auftrag — ein Auftrag kann ja wegen § 181 BGB. nicht vorliegen — dem Vater einen Rückforderungsanspruch geben, wenn seine Aufwendung dem Interesse des Kindes entsprach; nur wird es zuweilen angesichts seiner eigenen Nutznießung an dem Willen fehlen, ein fremdes Geschäft zu besorgen. Der Vater wird also gut tun, das Geld von vornherein über die Gewinn- und Verlustrechnung in das Geschäft hereinzunehmen und

diese für die von ihm selbst herrührende Einnahme zu erkennen; dies hat zur Folge, daß ihm, wenn es sich nicht um die Abdeckung eines Verlustes handelt, ein gleichhoher Betrag als Reingewinn wieder zustehen muß.

Anders liegt der Fall, wenn der Vater das Geschäft im eigenen Namen betreibt. Hier nimmt er von vornherein das Geld nicht namens des Kindes und für dieses, sondern in seinem eigenen Betriebe herein. Der Überschuß an Sachgütern und Rechten bei Beendigung der Nutznießung gebührt hier ihm, wie er auch einen etwaigen Verlust zu tragen gehabt hätte.

47. Der Vater bedarf zur Veräußerung des Erwerbsgeschäftes nach §§ 1643, 1823 BGB. der Genehmigung des Vormundschaftsgerichts, nicht auch zur Abwicklung, da § 1823 in § 1643 nicht erwähnt wird. Bei ersterer hat also der Vormundschaftsrichter Gelegenheit auf Klärung der sich bezüglich der Auseinandersetzung über den Verkaufserlös möglicherweise ergebenden Fragen zu dringen. Vom Vater in das Geschäft gegebene eigene Gelder kann er dem Erlös entnehmen, wenn sie unter dem Vorbehalt der Rückforderung gegeben waren, desgleichen ausgewiesene, aber stehen gelassene Gewinne, wenn sich der Vater dafür erkannt hatte; sind sie später verloren worden, so ändert das nichts, es sei denn, daß der Vater den Verlust verschuldet hat, wobei er aber nur für Sorgfalt in eigenen Angelegenheiten haftet; andernfalls würde der Vater ohne Veräußerung oder Liquidation den Verlust nur aus dem Gewinn künftiger Jahre zu ersetzen gehabt haben. Für ausgewiesene Gewinne, auf die er verzichtet hat, indem er sie dem Kapitalkonto des Kindes oder offenen Rücklagen zuführte (was freilich bei Einzelkaufleuten selten geschieht), kann er den Erlös nicht mehr in Anspruch nehmen. Das gleiche gilt wohl von stillen Rücklagen auf Gegenständen des Anlagevermögens, die durch überreichliche Abschreibungen zu Lasten des dem Vater gebührenden Betriebsgewinns gemacht waren, während ich die auf Umlaufvermögen (Waren) liegenden stillen Rücklagen, die nun durch den Verkauf ans Tageslicht treten, soweit sie durch Minderbewertung oder Abschreibungen zu Lasten des Betriebsgewinnes gemacht waren, dem Vater zuspreche.

III. Vorerbschaft.

48. Rechtlich ganz verschieden — und doch meist im Bewußtsein und nach Absicht des Erblassers ganz dasselbe — ist der Nießbrauch von der Vorerbschaft. Sie unterscheidet sich nach außen vom Nießbrauch dadurch, daß der Vorerbe Eigentümer des Nachlaßvermögens ist, nur im Verhältnis nach innen zum Nacherben Beschränkungen

unterworfen, die der Natur der Sache nach weniger weit gehen als beim Nießbrauch und nur ausnahmsweise auch nach außen wirken. Beide Rechtseinrichtungen kennen Abstufungen, der Nießbrauch sowohl solche, welche ihn der Vorerbschaft, als auch solche, welche ihn einer bloßen Rentenberechtigung annähern, die Vorerbschaft solche, welche die Rechtsstellung des Vorerben derjenigen eines durch keine Nacherbfolge beschränkten Vollerben angleichen.

Der Nießbrauch kann sogenannter Dispositionsnießbrauch sein, d. h. es kann dem Nießbraucher rechtsgeschäftlich auch das Recht zur Veräußerung der Gegenstände des Anlagevermögens, ja sogar eines Grundstücks eingeräumt und die dazu erforderliche Zustimmung des Eigentümers im voraus erklärt werden. Die nähere Ausgestaltung die des Rechtes bestimmt sich dann nach der vertraglichen Regelung, die auch der rechtlichen Stellung eines Vorerben angepaßt werden kann (BayObLG. vom 12. 6. 29 IFG. 6, 288).

Eine solche Bestimmung eines Testaments wirkt freilich zunächst nur schuldrechtlich zwischen Nießbraucher und Erben, solange ihr der Erbe nicht entsprochen und bei Bestellung des Nießbrauchs die Zustimmung nicht erklärt hat. Der Nießbrauch kann aber auch ein bloßer Versorgungsnießbrauch sein (s. S. 43, 57).

Die Vorerbschaft ihrerseits kann auch eine befreite Vorerbschaft sein. Der befreite Vorerbe ist nicht nur nach außen noch freier als ein Vorerbe gestellt, sondern insbesondere nach innen in seinem Verhältnis zum Nacherben bis zu dem Grade voller Herr des Nachlasses, daß er dem Nacherben auch dann, wenn er die Substanz des Nachlasses ganz oder teilweise für sich selbst verbraucht, für seine Verwaltung nicht verantwortlich, und nur verpflichtet ist, ihm das herauszugeben, was von dem Nachlaß bei Eintritt der Nacherbfolge noch vorhanden ist (§§ 2136, 2137 BGB.).

Indessen ist auch der befreite Vorerbe nicht unbeschränkter und nicht unbeschwerter Erbe. Noch freier kann der Ehegatte gestellt werden, wenn er in einem gemeinschaftlichen Testament zum Erben und die gemeinsamen Kinder zu seinen Erben berufen werden. Dieses ist mitunter die zweckmäßigste Regelung. Mißlich ist aber und für ein Handelsgeschäft lästig der Pflichtteilsanspruch der Kinder nach dem Tode des erstversterbenden Ehegatten, dessen Erhebung schon in dem gemeinschaftlichen Testament auch mit Verweisung auf den Pflichtteil nach dem zweitversterbenden Ehegatten bedroht werden muß; immerhin bleibt auch dann die zweimalige Belastung des von dem erstversterbenden Eheteil herrührenden Nachlasses mit einem Pflichtteil bestehen, die hinter dem gesetzlichen Erbteil nach dem Erstversterbenden nur so wenig zurückbleibt, daß dadurch der Anreiz nicht beseitigt ist, nach dem Tode des Erstversterbenden den Pflichtteilsanspruch geltend zu machen.

Im Einzelfalle kann zweifelhaft sein, welche von diesen vielen Möglichkeiten der Erblasser wirklich gewollt hat; nicht ganz unmöglich ist auch eine Überschneidung mit der gesetzlichen Nutznießung des überlebenden Ehegatten oder Elternteils.

Die Berufung des Ehegatten zum Erben und der Kinder zu seinen Erben bedarf hier keiner Darstellung. Der Nießbrauch am Handelsgeschäft ist unter I eingehend behandelt. Die nachstehende Darstellung gilt der Stellung des Vorerben gegenüber dem Nacherben in bezug auf ein zum Nachlaß gehöriges Handelsgeschäft, sei es, daß es schon vom Erblasser hinterlassen wurde, sei es, daß es vom Vorerben mit Mitteln der Erbschaft erworben worden ist (§ 2111 BGB.). Findet man über den Nießbrauch an einem Handelsgeschäft noch einiges Schrifttum, so hat sich dieses mit der Vorerbschaft kaum befaßt. Auch die großen Erläuterungsbücher zum BGB. oder HGB. lassen sich darüber nicht oder nur wenig aus.

49. a) Es dürfte sich lohnen, zunächst den Gegensatz zum Nießbrauch weiter herauszustellen. Dieser ist ein Recht an einer fremden Sache, die der Nießbraucher bei Beendigung des Nießbrauchs dem Eigentümer zurückzugeben hat. Dies macht sich während des ganzen Nießbrauchs geltend, soweit das Handelsgeschäft als solches („der Kern") und das Anlagevermögen in Betracht kommt, welches Eigentum des Eigentümers des Handelsgeschäftes bleibt, zu dessen Gunsten auch das Surrogationsprinzip gilt. Soweit das Umlaufvermögen in Frage kommt, welches Eigentum des Nießbrauchers wird, äußert sich die Natur des Nießbrauchs als eines Rechtes an einer fremden Sache darin, daß der Nießbraucher für das übernommene Umlaufvermögen bei Nießbrauchende Wertersatz ohne Rücksicht auf Verschulden zu leisten hat. Daraus hat sich ergeben, daß auch ein unverschuldeter Betriebsverlust von ihm zu ersetzen ist.

Der Vorerbe dagegen ist Eigentümer, er ist es nur auf Zeit, aber er ist es bis zum Eintritt der Nacherbfolge und zwar ist er natürlich Eigentümer des ganzen Nachlasses, so daß die beim Nießbrauch geltende Unterscheidung zwischen Anlage- und Umlaufvermögen bezüglich der Eigentumsverhältnisse hier nicht zu machen ist. Mit dem Eintritt der Nacherbfolge wird der Vorerbe kraft Gesetzes das Eigentum verlieren und der Nacherbe Eigentümer werden. Der Vorerbe übernimmt demnach nicht die Sache eines anderen; es kann nicht in Frage kommen, daß er auf eigene Gefahr eine bisher fremde Sache eigentümlich übernimmt — wie der Nießbraucher die verbrauchbaren Sachen —, deren Wert er in jedem Fall zu ersetzen hätte. Er hat vielmehr bei Eintritt der Nacherbfolge dem Nacherben die nunmehr diesem angefallene Erbschaft herauszugeben in dem Umfange, in welchem sie nach der Geltung des Surrogationsprinzips (§ 2111) vorhanden ist, aber nicht darüber hinaus, etwa schlechthin in dem Umfange, in welchem sie einmal vorhanden war.

b) Daraus ergibt sich, daß der Betriebsverlust von der Substanz der Erbschaft, die dem Nacherben anfallen wird, von letzterem getragen wird. Nur für Verschulden haftet der Vorerbe, wenn er es an einer ordnungsmäßigen Verwaltung hat fehlen lassen und nicht einmal diejenige Sorgfalt angewandt hat, welche er in eigenen Angelegenheiten anzuwenden pflegt (§§ 2130, 2131, 3471 HGB.). Im Grunde haftet er also nur für grobe Fahrlässigkeit (§ 277 BGB.); nur von der Haftung für Arglist kann der Erblasser den Vorerben nicht befreien, dagegen geht aus dem Gesetz nicht hervor, daß er seine Haftung verschärfen könnte. Der befreite Vorerbe kann den Nacherben sogar ohne Rücksicht auf eigene Haftung auf den Bestand der Erbschaft verweisen, die bei Eintritt der Nacherbfolge vorhanden ist, selbst wenn er den Fehlbetrag für sich verbraucht hat (§§ 2136, 2137), es sei denn, er hat den Nachlaß unentgeltlich oder arglistig zwecks Benachteiligung des Nacherben vermindert.

c) Der Nießbrauch an einem Erwerbsgeschäft wird wohl meist kraft Nießbrauchs an einem ganzen Nachlaß vorkommen, d. h. also an einem ganzen Vermögen. Über den Nießbrauch an einem Vermögen weiß uns das Gesetz nicht mehr zu sagen, als daß er nur Nießbrauch an den einzelnen dem Vermögen gehörigen Sachen und Gegenständen mit allen sich daraus ergebenden Folgerungen sei. Dies ist in vielen Hinsichten bedeutsam. Es kann z. B. das Nießbrauchvermächtnis an solchen zum Nachlaß gehörigen Gegenständen nicht erfüllt werden, die nicht übertragbar sind, z. B. nicht an Mitgliedsrechten, was von großer Wichtigkeit ist, wenn zum Nachlaß nicht ein Erwerbsgeschäft, aber die Beteiligung an einem solchen gehört (hierüber s. unten); dies gilt nicht bei der Vorerbschaft. Es ist ferner jeder einzelne zum Nachlaß gehörige Gegenstand, z. B. ein Erwerbsgeschäft einzeln Gegenstand des Nießbrauchs. Für jeden einzelnen Gegenstand gilt also besonders, daß er bei Beendigung des Nießbrauchs vom Nießbraucher herausgegeben werden muß. Zu Veränderungen der einzelnen Gegenstände ist der Nießbraucher am Vermögen gegenüber dem Eigentümer nicht befugt. Dies gilt auch von einem zum Nachlaß gehörenden Handelsgeschäft; der Nießbraucher kann, wie wir gesehen haben, die Zusammensetzung des Umlaufsvermögens ändern, vorbehaltlich seiner Verpflichtung bei Nießbrauchende dem Eigentümer das Geschäft mit so viel Umlaufvermögen zurückzugeben, als zum erfolgreichen Weiterbetrieb notwendig ist, er kann auch einzelne Artikel aufgeben und andere aufnehmen, aber er kann nicht den Gegenstand des Unternehmens ändern oder gar dieses selbst veräußern.

In ganz anderer Lage ist der Vorerbe. Er ist gegenüber dem Nacherben, soweit er nicht überhaupt vom Erblasser von jeglicher Verantwortlichkeit entbunden wurde, für ordnungsmäßige Verwaltung der Erbschaft im ganzen, nicht der einzelnen Gegenstände, und bei Eintritt der Nacherbfolge zu ihrer Herausgabe in dem Bestande verpflichtet, den sie nach dem Grundsatz der Surrogation hat. Aber diese Verpflichtung und Verantwortlichkeit besteht nicht einzeln für jeden einzelnen Erbschaftsgegenstand. Der Vorerbe ist, wenn dies ordnungsmäßiger Verwaltung der Erbschaft nicht widerspricht, und auch ohnedies, wenn er befreiter Vorerbe ist — lediglich eingeengt durch §§ 2113, 2114 —, befugt, das Erwerbsgeschäft, auch wenn es gut geht, zu veräußern und den Gegenstand des Unternehmens zu ändern; er ist sowohl berechtigt wie verpflichtet (§ 2130 BGB.) Partner aufzunehmen, um zusätzliche Mittel zu erhalten, andererseits aber auch, überschüssige Mittel aus dem Erwerbsgeschäft herauszunehmen und anders nach § 2119 anzulegen, endlich ein verlustbringendes Erwerbsgeschäft zu schließen und abzuwickeln. Der Vorerbe ist daher zu einer Veränderung der Zusammensetzung der Erbschaft innerhalb einer ordnungsmäßigen Verwaltung, oder, wenn befreit, überhaupt befugt, zu der ein bloßer Nießbraucher des Nachlasses nicht befugt ist, ja nach §§ 2130, 2131 kann er dazu verpflichtet sein. Der Vorerbe kann insbesondere auch mit Mitteln des Nachlasses ein Erwerbsgeschäft erst erwerben. Ein Erwerbsgeschäft ist als ein Ganzes aufzufassen; darum ist der Vorerbe nicht verpflichtet, Wertpapiere, welche zum Betriebsvermögen gehören, nach § 2116 BGB. zu hinterlegen oder umzuschreiben oder in Buchforderungen umzuwandeln.

50. Im Ergebnis dürfte, was das Maß betrifft, in welchem der Reingewinn eines Erwerbsgeschäftes dem Vorerben gebührt, ein erheblicher Unterschied zwischen Nießbraucher und Vorerben nicht bestehen; aber man hat diese Frage in jedem der beiden Fälle sozusagen von einem anderen Angriffspunkt aus anzugehen. Der Nießbraucher ist nach § 1030 BGB. berechtigt, salva rerum substantia die Nutzungen einer fremden Sache zu ziehen. Beim Vorerben, der ja Eigentümer des Nachlasses ist, würde sich dies von selbst verstehen, käme es nicht darauf an, in seinem Verhältnis zum Nacherben abzugrenzen, wie weit sich das Recht des Nacherben und die Nacherbfolge erstrecken. Für die Früchte einer zum Nachlaß gehörigen Sache bleibt es bei der aus dem Eigentum des Vorerben sich ergebenden Folge, daß sie ihm zufallen. Im übrigen greift aber der Grundsatz der Surrogation (§ 2111 BGB.) zugunsten des Nacherben ein. Grundsätzlich würde also aller

Reingewinn eines Erwerbsgeschäftes zur Erbschaft gehören, also auch dem Rechte des Nacherben unterliegen, weil er mit Mitteln der Erbschaft erworben wird. Das Gesetz schränkt aber die Geltung dieses Surrogationsgrundsatzes ein, durch die Worte „sofern nicht der Erwerb dem Vorerben als Nutzung gebührt". Dieser Nebensatz liest sich strenge genommen nicht als Ausnahme von dem Surrogationsgrundsatz, sondern als Vorbehalt zugunsten eines anderswo aufgestellten Grundsatzes, daß der Vorerbe die Nutzungen zu ziehen berechtigt sei. Ein solcher ist aber nirgends aufgestellt. Er ergibt sich auch nicht aus dem Eigentum des Vorerben, denn dieses ist eben gerade durch das Recht des Nacherben im Umfange der Surrogation eingeschränkt; es kann sich also aus dem so eingeschränkten Recht selbst keine Einschränkung der Einschränkung ergeben. Auch § 2130 BGB., wonach die Erbschaft in dem fortgesetzt ordnungsmäßiger Verwaltung entsprechenden Zustand an den Nacherben herauszugeben ist, ergibt weniger, daß die Nutzungen dem Vorerben gebühren, wenngleich ihr Verbrauch mit den Grundsätzen ordnungsmäßiger Wirtschaft vereinbar ist, als daß sie in gewissem Umfang für die Entwicklung der Erbschaft verwendet werden müssen. Man wird also vergeblich nach dem Grundsatz suchen, dessen Geltung neben dem Surrogationsprinzip vorbehalten wird, wenn man entsprechend dem Wortlaut des § 2111 BGB. den oben wiedergegebenen Nebensatz als einen solchen Vorbehalt und nicht als eine Ausnahme verstehen wollte. Gemeint ist er aber als Ausnahme von dem Surrogationsprinzip des Inhalts, daß trotz des letzteren die Nutzungen, auch soweit sie nicht Früchte einer Sache sind, dem Vorerben gebühren, d. h. nicht Gegenstand der Nacherbfolge werden und vom Vorerben, auch wenn er nicht befreit ist, für sich verbraucht werden dürfen und auch, wenn bei Eintritt der Nacherbfolge noch vorhanden, nicht an den Nacherben herauszugeben sind; davon gehen ersichtlich §§ 2123, 2130 S. 2, 2133 aus. Hierüber besteht, soweit ich sehe, keine Meinungsverschiedenheit.

Das Maß der Nutzungen, das dem Vorerben „gebührt", ist m. E. nach dem Grundsatz des § 2130 BGB. zu bestimmen. Es wird im allgemeinen dasselbe sein, wie das Maß, in welchem die Nutzungen dem Nießbraucher zustehen. Es ist bei einem Erwerbsgeschäft der jährliche reine Betriebsgewinn (nicht bilanzmäßiger Reingewinn; über den Unterschied s. oben II B 41). Dem Vorerben gebühren also nicht Wertsteigerungen auf Anlagevermögen, auch nicht etwa realisierte stille Rücklagen, die er nicht selbst aus dem Betriebsgewinn gestellt hat, auch nicht, wenn sie auf Umlaufsvermögen (Waren) geruht haben, welches der Erblasser hinterlassen hat (vgl. auch § 2133). Der Vorerbe hat außerdem aus dem Betriebsgewinn, ehe er diesen für sich verwenden darf, alle Aufwendungen zu bestreiten, welche erforderlich sind, um das Erwerbsgeschäft gemäß § 2130 in dem Zustande herausgeben zu können, der sich bei einer bis zur Herausgabe fortgesetzten ordnungsmäßigen Verwaltung ergibt. Dieser Grundsatz ist es, der den für den Vorerben persönlich verwendbaren Teil des Betriebsgewinns begrenzt. Soweit es sich um gewöhnliche Erhaltungskosten handelt, besteht die Pflicht des Vorerben gegenüber dem Nacherben sogar unabhängig vom Betriebsgewinn oder den sonstigen Erträgnissen der Erbschaft (§ 2124 Abs. 1). Die gewöhnlichen Erhaltungskosten dürfen aber nicht etwa mit den Erneuerungskosten, d. h. mit den der regulären Lebensdauer entsprechenden Abschreibungen gleichgesetzt werden, so daß der Vorerbe nicht etwa auch diese aus eigenem Vermögen zu bestreiten hat, wenn der Betriebsgewinn und der Ertrag der sonstigen Erbschaft nicht dazu ausreichen. Auch halte ich § 2124 Abs. 1 BGB. nicht etwa auch für anwendbar auf das zur Erbschaft gehörige Handelsgeschäft als solches. Daraus ließen sich Folgerungen ableiten, an die der Gesetzgeber, der die Zugehörigkeit eines Erwerbsgeschäftes zur Erbschaft nicht berücksichtigt hat, nicht gedacht hat. Im übrigen gilt neben § 2124 Abs. 1 dessen Abs. II und § 2130 BGB. und zwar für das Handelsvermögen wie den „Kern", der „Tätigkeitsbereich". Der Vorerbe hat also zweifellos nicht nur die Fabrikationsgeräte zu erhalten und zu erneuern, auch zu verbessern und die Werbung fortzusetzen, sondern auch die Rücklagen und die innere Fundierung des Geschäftes so zu erhalten, wie er sie vom Erblasser übernommen hat. Reichen die Betriebsgewinne nicht aus, um die regulären Abschreibungen, Handlungsunkosten und Werbung zu decken, so muß der Vorerbe, da § 2130 von der Erbschaft und nicht den einzelnen Erbschaftsgegenständen handelt, die Erträge der übrigen Erbschaft dazu verwenden, bevor nach § 2124 Abs. II die Substanz angegriffen wird. (Es ist interessant, die Frage zu überlegen, ob auch hier ein Unterschied zum Nießbrauch an der Erbschaft besteht. Während nach § 1089 BGB. auch beim vermachten Nießbrauch an der Erbschaft nur ein Einzelnießbrauch an den Erbschaftsgegenständen besteht, läßt sich ein gleicher Rechtssatz für den Nießbrauch am Handelsgeschäft nicht aufstellen. Da der Nießbraucher den Betriebsverlust zu tragen hat und dem Erben nicht einmal nur beschränkt haftet, ist es gleich, mit welchen ihm gehörigen Mitteln er den Verlust deckt.) Gemäß § 2130 BGB. „gebühren" m. E. die Früchte der übrigen Erbschaft dem Vorerben nicht, solange es gilt, ein solches Loch zu stopfen. Auch § 2111 BGB. selbst kann zwanglos dahin verstanden werden, daß er die Nutzung der Erbschaft im Ganzen meint. Deshalb kann § 2124 Abs. II S. 2 nicht angewandt werden, für derartige Aufwendungen, die der Vorerbe aus den nach den Regeln ordnungsmäßiger Verwaltung ihm nur begrenzt gebührenden Nutzungen für notwendige

Erneuerung der Maschinen und notwendige Werbung usw. macht. Aus dem Grundsatz des § 2130 läßt sich weiter wohl auch zwanglos ableiten, daß in guten Geschäftsjahren der Vorerbe sogar verpflichtet ist, Vorsorge für schlechtere Zeiten dadurch zu treffen, daß er offene oder stille Rücklagen stellt (vgl. auch Staudinger Anm. 11 zu § 99 BGB.: „Nicht zu den Früchten gehören die aus den Erträgnissen gemachten Rücklagen".) Es ist oben (30) versucht worden, eine solche Verpflichtung des Nießbrauchers aus dem unter entsprechender Anwendung von § 346 HGB. auszulegenden Testament des Erblassers abzuleiten. Bei der Vorerbschaft dürfte sie sich aus § 2130 BGB. entnehmen lassen. Sowohl Ausweis als auch Abhebung des Gewinns haben nach § 2130 BGB. kaufmännischen Grundsätzen zu entsprechen. Es kann sein, daß es ein Gebot ordnungsmäßiger Wirtschaft ist, erzielten und vertretbarerweise ausgewiesenen Gewinn nicht abzuheben, sondern stehen zu lassen, sei es wegen notwendiger Investitionen (auch Meliorationen) oder unbefriedigender Flüssigkeit. In solchen Fällen mag es mitunter zweifelhaft erscheinen, ob nach den Regeln ordnungsmäßiger Wirtschaft der Vorerbe berechtigt ist, sich für den stehengelassenen Gewinn auf Privatkonto zu erkennen, oder das Kapitalkonto entsprechend zu vergrößern hat. Ersteres dürfte statthaft sein bei nur vorübergehender Illiquidät, letzteres dagegen erforderlich bei dauerndem Mißverhältnis der eigenen Mittel zur Größe des Geschäfts und des Umsatzes und bei notwendigen Investitionen; der Zuwachs auf Kapitalkonto ist dann nach § 2130 BGB. wenigstens fürs erste noch keine „Nutzung", die dem Vorerben „gebührt". Aus dem Nutzungsbegriff und Ertragsbegriff des BGB. ergibt sich dieses freilich nicht. Jedoch ist für den Nießbraucher oben (30) versucht worden, seine Verpflichtung, sich in diesem Sinne zu verhalten, aus dem Testament des Erblassers abzuleiten und dürfte bei der Vorerbschaft ein gleicher Wille des Erblassers zu unterstellen sein und außerdem eine sogar weitergehende Verpflichtung, das Geschäft zu entwickeln, sich aus der positiven Bestimmung des § 2130 BGB. ergeben. Damit dürfte selbst zu begründen sein, daß in guten Jahren der Vorerbe verpflichtet ist, verstärkte Aufwendungen für die Werbung und die innere Fundierung des Erwerbsgeschäftes, selbst für nicht unerläßliche Geschäftsvergrößerung zu machen; alles das natürlich nur im Rahmen dessen, was noch wirtschaftlich ist; denn die ordnungsmäßige Verwaltung des § 2130 BGB. ist ein wirtschaftlicher Begriff und es ist auch zu unterstellen, daß der Erblasser nur wirtschaftlich Richtiges gewollt haben kann. Erst recht muß der Vorerbe als verpflichtet angesehen werden, Rückstellungen für drohende oder auch nur mögliche Verluste zu machen, auch wenn sie vielleicht erst nach Eintritt der Nacherbfolge zu erwarten sind. Andererseits scheint mir die angeführte Stelle bei

Staudinger Anm. 11 zu § 99 BGB. zu weit zu gehen, wenn etwa damit gesagt sein sollte, daß den aus den Erträgnissen gebildeten Rücklagen dauernd der Charakter als Nutzung verloren gegangen sei und daß der Vorerbe dauernd auch in schlechten Jahren behindert sein solle, die stillen oder offenen Rücklagen, welche er selbst gebildet hat, wieder aufzulösen und als Gewinn für sich zu verwenden, oder so zu verfahren, wenn sich erweist, daß das Geschäft an einem Übermaß von Mitteln leidet. Dieses Recht wird ihm vielmehr hinsichtlich solcher Rückstellungen, welche das kaufmännisch übliche Maß überschritten haben, immer, und in Jahren geringerer Erträgnisse, insbesondere Verlustjahren, auch dann zustehen, wenn das nicht der Fall war. Denn man hat die ganze Dauer der Vorerbschaft nach § 2130 als einen einheitlichen Zeitraum aufzufassen und nicht jedes einzelne Jahr für sich allein zu betrachten. Erst recht fließen dem Vorerben freiwerdende Rückstellungen für Risiken, die sich nicht verwirklicht haben, immer zu, wenn er selbst sie gestellt hat.

51. Zu Entnahmen auf Kosten der Substanz ist dagegen der nichtbefreite Vorerbe nicht berechtigt. Er ist verpflichtet, die durch solche Entnahmen angegriffene Substanz wieder aufzufüllen; ja der Nacherbe kann unter den Voraussetzungen des § 2128 BGB. Sicherheit verlangen (s. auch 54).

52. Besonderer Erörterung bedarf der Fall, daß der Vorerbe aus den ihm nach Vorstehendem gebührenden Teil der Erträge der Erbschaft, insbesondere des Handelsgeschäfts selbst, Investitionen im Handelsgeschäft macht, welche das nach den Grundsätzen ordnungsmäßiger Verwaltung zur Erhaltung und Entwicklung des Geschäftes (§ 2130 BGB.) Erforderliche übersteigen. (Dieser Fall liegt nicht vor, wenn er zu diesem Zweck andere Erbschaftsgegenstände veräußert und sich an deren Erlös für seine Aufwendung erholt; denn dann liegt nur eine Veränderung innerhalb der Erbschaft, keine Mehrung der Erbschaft vor.) Wenn später genügend flüssige Mittel in der Erbschaft oder, insbesondere in dem Handelsgeschäft selbst vorhanden sind, kann selbstverständlich der Vorerbe aus diesen seine Aufwendung ersetzen. Denn er ist frei bei Anlage der Erbschaft. Ebenso kann er Bankkredit zu diesem Zweck aufnehmen, wenn er einen solchen bekommt. Will der Nacherbe für diesen nicht haften, muß er bei Fortführung der Firma nach § 25 Abs. II HGB. verfahren. Kann sich der Vorerbe auf keine dieser Arten erholen, so gilt § 2125. Wenn aber der Nacherbe die Investition nicht genehmigt, so kann der Vorerbe eine Einrichtung, die er geschaffen hat, wegnehmen. Wie soll er das ohne Schädigung des Handelsgeschäftes? Wie soll er es gar, wenn er an Stelle einer älteren kleinen Maschine im ursprünglichen Anschaffungswert von DM. 20 000.—, für welche er DM. 5000.—

erlöste, eine neue größere im Werte von DM. 50000.— angeschafft hat. Außerdem soll er, soweit der Nacherbe bereichert ist, von ihm Ersatz fordern können (§ 684 BGB.). Auch diese Vorschrift wird meist nicht anwendbar sein. Oft wird, selbst wenn die Maschine noch gut erhalten und technisch auf der Höhe ist, nicht leicht zu entscheiden sein, ob der Nacherbe bereichert ist; denn dies setzt voraus, daß die Konjunktur die Ausnützung gestattet und oft wird der Nacherbe die Mittel für den Ersatz nicht haben. Es kann auch nicht zulässig sein, daß der Vorerbe nach eigenem Belieben in dieser Weise, um höhere Nutzungen zu erzielen, den Nacherben mit Verpflichtungen ihm selbst gegenüber belastet. Man wird deshalb § 685 BGB. unmittelbar oder entsprechend anzuwenden und dem Vorerben den Ersatzanspruch zu versagen haben.

Deckt der Vorerbe einen Verlust aus eigenen Mitteln (etwa, indem er einen Bankkredit aus Eigenem abdeckt), so kann er vorbehaltlich seiner Verschuldenshaftung sich aus der Substanz erholen, sobald diese es zuläßt, aber nicht vom Nacherben aus dessen persönlichen Mitteln Ersatz verlangen.

53. Ein Gesichtspunkt scheint mir wert, hervorgehoben zu werden, wenn auch seine Tragweite schwer abzusehen ist. Im Abschnitt über den Nießbrauch habe ich mehrfach geltend gemacht, daß der Nießbraucher nur zur Erhaltung des mit dem Nießbrauch belasteten Handelsgeschäfts in seinem wirtschaftlichen Bestande, aber nicht zur Erhaltung seines Wertes, insbesondere also nicht zur Erhaltung des Vermögens des Eigentümers verpflichtet sei. Dies gilt auch für den Nießbrauch an einem zu einem Nachlaß gehörigen Handelsgeschäft. Bei der Vorerbschaft aber hat der Vorerbe bei Eintritt der Nacherbfolge gemäß § 2130 BGB. die „Erbschaft" als solche, also nicht die einzelnen zur Erbschaft gehörigen Gegenstände in dem Zustande zurückzugeben, wie es einer fortgesetzten ordnungsmäßigen Verwaltung entspricht. (Diesem Ergebnis entspricht Prot. V 95, 96.) Damit habe ich oben die freie Stellung des Vorerben bezüglich der einzelnen Nachlaßgegenstände innerhalb der im ganzen ordnungsmäßig verwalteten Erbschaft begründet. Daraus scheint mir aber auch hervorzugehen, daß der Vorerbe den Wert der Erbschaft, also auch des dazu gehörigen Handelsgeschäfts zu erhalten hat, soweit dies mit den Erträgnissen geschehen kann und nach den Grundsätzen einer ordnungsmäßigen Verwaltung zu geschehen hat. So wird der Vorerbe die Lizenzgebühren für ein Patent auch dann, wenn dieses dem Erblasser nicht zu Buch gestanden hat, nicht in voller Höhe ohne Rücksicht auf die rechtliche Lebensdauer oder die wirtschaftliche Kurzlebigkeit des Patentes für sich verbrauchen dürfen — anders als der Nießbraucher —, schon dann nicht, wenn das Patent nicht zu einem Handelsgeschäft gehört,

erst recht nicht letzterenfalls, sondern sie der Substanz der Erbschaft, letzterenfalls dem Geschäft, großenteils zugute kommen lassen müssen. Er wird auch beizeiten nicht nur aus der Substanz, sondern aus den Erträgnissen für eine Umstellung der Fabrikation Sorge tragen müssen, wenn die Absatzfähigkeit eines Artikels stark zurückgeht (wozu freilich auch der Nießbraucher verpflichtet ist, weil es zur Erhaltung des Erwerbsgeschäftes in seinem wirtschaftlichen Bestande als dauernder Erwerbsquelle gehört), oder wenn die bisherige Fabrikation zufolge einer behördlichen Maßnahme oder einer wirtschaftlichen Entwicklung unzulässig oder unmöglich oder unrentabel zu werden droht. Während der Nießbraucher im letzteren Falle das in seiner Ergiebigkeit getroffene Geschäft mit geringerem Nutzen weiterbetreiben und nutzen darf, wird der Erbe trachten müssen, es aus den Erträgnissen wieder auf die Höhe zu bringen, soweit ein ordentlicher Kaufmann (ordentlicher Verwalter) so verfahren würde (§ 2130 BGB.). Denn nach dem Surrogationsprinzip des § 2111 BGB. gehören die Erträgnisse zur Erbschaft; sie gebühren dem Vorerben nur, soweit sie nach den Grundsätzen ordnungsmäßiger Verwaltung (§ 2130) des Erbschaftsvermögens nicht zu dessen Erhaltung und innerer Stärkung zu verwenden sind, wobei man die Dauer der Vorerbschaft als einen einheitlichen Zeitraum ins Auge zu fassen hat.

54. Dies führt zu der Frage über, ob der Vorerbe verpflichtet ist, den Substanzverlust eines Jahres aus den Erträgnissen eines späteren Jahres zu ersetzen. Dies scheint mir nicht zweifelhaft zu sein, soweit dies von den Grundsätzen ordnungsmäßiger Verwaltung gefordert wird. Dies schließt nicht aus, daß der Vorerbe aus dem Betriebsgewinn des späteren Gewinnjahres zunächst seinen angemessenen Lebensunterhalt bestreitet, bevor er den vorgetragenen Verlust abdeckt oder Rücklagen wieder herstellt, welche er von dem Erblasser übernommen und in dem Verlustjahr verwandt hat, um den Verlust auszugleichen. Aber der Teil der späteren Erträgnisse, welcher vom angemessenen Lebensunterhalt nicht erfordert wird, dürfte insolange nicht dem Vorerben gebühren, bis der angegebene Erfolg erreicht ist. Auch dieses ergibt der Gesichtspunkt, daß man die Zeit der Vorerbschaft als einen einheitlichen Zeitraum betrachten muß; nur daß für angemessene in späteren Gewinnjahren gemachte Entnahmen nach § 2130 kein Ersatz zu leisten ist, auch wenn bis zum Ende der Vorerbschaft aus dem Überschuß der Verlust nicht mehr gedeckt werden konnte. Die Lage ist also nicht ganz so, wie nach § 1655 BGB., nach welchem man dem elterlichen Nutznießer in den späteren Gewinnjahren ein Entnahmerecht nur als Vergütung für seine Arbeit zugestehen kann, wenn es überhaupt zulässig erscheint; denn dort handelt es sich um fremdes Vermögen, hier um das eigene Vermögen des Vorerben, für dessen Erhaltung er zwar dem

Nacherben verantwortlich ist, aber nur nach den Grundsätzen ordnungsmäßiger Verwaltung, welche einen Verbrauch eigenen Vermögens nicht unter allen Umständen völlig ausschließt. Noch weiter zu gehen und dem Vorerben Entnahmen auch in den Verlustjahren selbst zu gestatten, erscheint nur dann angängig, wenn er seine eigene Arbeitskraft dem Geschäfte widmet, im Rahmen einer angemessenen Vergütung für diese; denn daß es zulässig wäre in jedem Falle aus dem Bestande der Vorerbschaft zu leben, ergibt sich aus den Grundsätzen ordnungsmäßiger Verwaltung nicht und kann um so weniger vertreten werden, als grundsätzlich das Gesetz dem Vorerben nur die Nutzungen zuweist.

55. Besonderes gilt von dem befreiten Vorerben. Er ist berechtigt, die Substanz des Nachlasses für sich zu verbrauchen, soweit er sie nur nicht verschenkt oder die Erbschaft in der Absicht mindert, den Nacherben zu benachteiligen (§ 2138 Abs. 2). Er haftet auch nicht für die Erhaltung der Erbschaft in einem fortgesetzt ordnungsmäßiger Verwaltung entsprechenden Zustand. Man sollte also meinen, daß hier Zweifelsfragen gar nicht auftauchen können. Man braucht aber die Einbildungskraft nur ein bißchen spielen zu lassen, um gleich auf solche zu stoßen. Wie ist es z. B. in folgendem Falle? Der Erblasser hat ein Kapitalkonto von 1 Million DMark hinterlassen. Der befreite Vorerbe freut sich seiner Erbschaft und genießt sie in vollen Zügen. Das Geschäft, so gut es auch geht, kann mit den Lebenansprüchen des Vorerben nicht Schritt halten. So sinkt das Kapitalkonto infolge der Entnahmen allmählich auf DMark 600000.—. Durch wachsende Erträgnisse oder durch eine Selbstbesinnung des Vorerben tritt nun nicht nur ein Gleichgewicht zwischen den Erträgnissen und den Ausgaben ein, sondern die ersteren überwiegen die letzteren. Hat der Vorerbe nun die Wahl, ob er den Überschuß der Erträgnisse auf Kapitalkonto verbuchen und dieses wieder auffüllen oder sich auf Privatkonto gutschreiben lassen will? Man sollte meinen, daß er diese Wahl nicht hat, sondern das Kapitalkonto wieder auffüllen muß. Aber die Begründung der Meinung ist nicht ohne Schwierigkeit; denn zweifellos wäre der befreite Vorerbe berechtigt, trotz der früher eingetretenen Minderung des Kapitalkontos auch die erhöhten Erträgnisse für sich zu verbrauchen. Aber wenn er es nicht tut, so greift zunächst das Surrogationsprinzip Platz, das ja auch im Falle der befreiten Vorerbschaft gilt. Die Erträgnisse werden also Erbschaft, soweit sie nicht als Nutzungen dem Vorerben gebühren. Wieweit sie Nutzungen sind, entscheidet § 2130. Man wird nach den Grundsätzen einer ordnungsmäßigen Verwaltung ohne weiteres bestreiten, daß in dem unterstellten Falle von Nutzungen die Rede sein kann, wenn man die Dauer der Vorerbschaft einheitlich betrachtet. Zwar braucht der befreite Vorerbe

das durch seine Entnahmen geminderte Kapitalkonto nicht wieder aufzufüllen, aber wenn er es im Zeitpunkt des Eintritts der Nacherbfolge wieder hergestellt hat, so kann er nicht den Betrag der Wiederauffüllung als Nutzung in Anspruch nehmen. Er könnte ihn abheben auf Grund seiner Befreiung, aber wenn er ihn bei Eintritt der Nacherbfolge nicht abgehoben hat, so gehört der Betrag zur Erbschaft und gebührt nicht etwa seinen Erben. Der unterstellte Fall regt an, sich mit der Frage zu befassen, inwieweit die vom Erblasser verfügte „Befreiung" im Wege der Auslegung der Einschränkung fähig ist. Regelmäßig verweist das Testament auf die gesetzlichen Bestimmungen dadurch, daß sich darin die typische Klausel befindet, „daß der Vorerbe von allen Beschränkungen befreit sein solle, von denen das Gesetz die Befreiung zuläßt". Es macht m. E. keinen Unterschied, ob der Vorerbe diese späteren Erträgnisse dem Kapitalkonto oder seinem Privatkonto gutgebracht hat.

56. Zweifellos kann der Vorerbe aus dem zur Erbschaft gehörigen Erwerbsgeschäft, mag er es vom Erblasser geerbt oder mit Mitteln der Erbschaft erworben haben, eine Aktiengesellschaft oder Gesellschaft mit beschränkter Haftung machen. Es werden in diesem Falle kaum Zweifel entstehen. Solche können nur etwa dann auftauchen, wenn die Gesellschaft während der Dauer der Vorerbschaft Gratisaktien ausgibt. Über die Frage, ob diese zur Erbschaft gehören oder dem Vorerben als Nutzung gebühren, besteht ein umfangreiches widerspruchsvolles Schrifttum. Die Rechtsprechung hat sich durchweg mit Recht auf den ersteren Standpunkt gestellt. Von der Gegenmeinung aus würde es nicht unmöglich sein, daß der Vorerbe von vornherein bei der Gründung das Kapital so niedrig bemißt, daß es in Bälde zu einer Ausgabe von Gratisaktien kommen muß, und sich auf diese Weise einen Teil der Substanz des Geschäfts zuführt. Nur Substanzmehrungen, die aus Betriebsreingewinnen stammen, die während der Vorerbschaft erzielt werden, dürfen als Dividenden oder Gratisaktien ausgeschüttet werden.

57. Im umgekehrten Falle, daß eine Aktiengesellschaft oder Gesellschaft mit beschränkter Haftung, deren Aktien alle dem Erblasser gehört haben, oder die der Vorerbe mit Mitteln der Erbschaft erworben hat, durch Übertragung des Vermögens auf den Hauptaktionär umgewandelt wird, taucht die Frage auf, ob der Vorerbe als Einzelkaufmann die Betriebsgewinne, welche die Aktiengesellschaft oder Gesellschaft mit beschränkter Haftung nicht ausgeschüttet hätte, oder gar etwa Reserven, die sie angesammelt hat und die nun ausgeschüttet werden, für sich beanspruchen kann.

Der Erblasser hat selbstverständlich mit diesem Fall nicht gerechnet. Es ist auch anzunehmen, daß er, hätte er damit gerechnet, den Vorerben irgendwie beschränkt hätte. Aber er hat es nicht getan, weil er nicht damit rechnen konnte. Man kann hier eine Testamentslücke feststellen, die der Richter ausfüllen darf, soweit er aus dem übrigen Inhalt des Testamentes ermitteln kann, was der Erblasser gewollt hätte, wenn er diesen Fall in seine Vorstellung aufgenommen hätte. Meist wird in einem solchen Falle ein Familienunternehmen in Frage stehen und gerade in der Anordnung der Nacherbfolge wird sich der Wille des Erblassers ausgedrückt haben, das Unternehmen der Familie zu erhalten. Zweifellos gehört das Geschäft nach § 2111 zur Erbschaft, auf die sich die Nacherbfolge erstreckt, wenn die Aktiengesellschaft in der angegebenen Weise umgewandelt wird. Daraus würde sich an sich ergeben, daß zwar die gesamten als offene oder stille Rücklagen bis zur Umwandlung aufgespeicherten Gewinne auch nach der Umwandlung zur Substanz gehören, daß aber von da ab alle Nutzungen dem Vorerben gebühren, soweit nicht die Bildung von Rücklagen einer ordnungsmäßigen Verwaltung entspricht.

Dieses Ergebnis ist wenig befriedigend. Dem gekennzeichneten Willen des Erblassers würde es nicht entsprechen, daß der Vorerbe alle Gewinne abziehen kann, welche das von ordnungsmäßiger Verwaltung geforderte Maß von offenen oder stillen Rücklagen übersteigen. Vielmehr wird man annehmen müssen, daß es dem Willen des Erblassers entspricht, daß der Vorerbe die Nutzungen nur insoweit ziehen kann, als sie der von dem Erblasser geübten Dividendenpolitik entsprechen.

58. Es ist selbstverständlich, daß der Vorerbe nicht der Genehmigung des Nacherben bedarf, um die Firma des Erblassers fortzuführen. Führt er die Firma fort, so haftet er für die von dem Erblasser eingegangenen Geschäftsverbindlichkeiten unbeschränkt (§ 27 HGB.), es sei denn, daß er den Geschäftsbetrieb innerhalb von drei Monaten einstellt. Dazu ist er auch im Verhältnis zum Nacherben befugt, wenn es einer ordnungsmäßigen Verwaltung entspricht. Ebenso wird er wohl auch nur dann dem Nacherben gegenüber verpflichtet sein, die alte Firma fortzuführen und keine neue anzunehmen, wenn dies für ihn kein persönliches Risiko mit sich bringt, weil keine erheblichen Geschäftsverbindlichkeiten bestehen, auch für § 2130 gilt § 242.

Auch der Nacherbe haftet, wenn er die Firma weiter führt, für die vom Erblasser begründeten Geschäftsverbindlichkeiten unbeschränkt. Das wird man auch hinsichtlich der vom Vorerben eingegangenen Verpflichtungen anzunehmen haben. Wenn § 27 HGB. voraussetzt, daß ein zum Nachlaß gehöriges Erwerbsgeschäft von dem Erben fortgeführt wird, worunter auch ein Nacherbe zu verstehen ist, und für diesen Fall anordnet, daß der Erbe, wenn er die Firma fortführt, für die

„früheren Geschäftsverbindlichkeiten" unbeschränkt haftet, so scheint zwar aus den Worten „Erbe" und „früher" hervorzugehen, daß nur die vor dem Erbfall eingegangenen Verbindlichkeiten gemeint sind. Der Absicht des Gesetzes entspricht aber wohl die Meinung, daß der Nacherbe, wenn er die Firma fortführt, auch für die von dem Vorerben eingegangenen Geschäftsverbindlichkeiten unbeschränkt haftet.

Die eigene persönliche Haftung, nicht auch die Haftung mit der Erbschaft, kann im Falle der Firmenfortführung der Nacherbe nach herrschender aber bestrittener Meinung auch durch Eintragung in das Handelsregister und Bekanntmachung oder durch Sondermitteilung an die Gläubiger ausschließen (§§ 27, 25 Abs. 2 BGB.).

59. Führt der Nacherbe die Firma nicht fort, so haftet er für die schon von dem Erblasser eingegangenen Geschäftsverbindlichkeiten nach den Vorschriften über die Erbenhaftung.

Dasselbe muß aber auch wiederum — vorbehaltlich eines Ersatzanspruches gegen den Vorerben — von den erst vom Vorerben eingegangenen Geschäftsverbindlichkeiten gelten, wenngleich auch dies sich nicht unmittelbar aus dem Gesetz ergibt; denn grundsätzlich haftet der Nacherbe für die vom Vorerben eingegangenen Verbindlichkeiten auch mit den Mitteln des Nachlasses nicht voraussetzungslos. Es hieße aber dem Vorerben als Inhaber des Handelsgeschäftes jeden Kredit abschneiden, wenn man für diesen Fall die Haftung des Nacherben mit den Mitteln des Nachlasses nicht schlechthin anerkennen wollte. Vom Vorerben zum Betrieb des Geschäfts eingegangene Verbindlichkeiten sind, da der Betrieb des Geschäfts zur ordnungsmäßigen Verwaltung des Nachlasses gehört, unter dem Gesichtspunkt, daß sie einem solchen entsprechen, Nachlaßverbindlichkeiten, für die der Nacherbe (beschränkt) haftet (RGZ. 90 S. 91). Es liegt nicht im Interesse des Geschäfts, also auch nicht des Nacherben, wäre daher rechtsteleologisch verfehlt, dem Gläubiger eine Rechtsunsicherheit und die Pflicht der Prüfung aufzubürden, ob der Betrieb nicht besser zu schließen wäre oder ob im einzelnen Fall die Eingehung der Verbindlichkeit (Bankkredit, Darlehen, Warenbezug, Maschinenkauf, Lieferungsdauerkontrakt) ordnungsmäßiger Verwaltung entspricht. Selbst wenn die vom Vorerben neu begründeten Verbindlichkeiten infolge von Verlusten oder übermäßiger Entnahmen nicht durch Gegenwerte aufgewogen werden, muß das Gesagte gelten. Verluste treffen im Verhältnis zwischen Vor- und Nacherben vorbehaltlich der Verschuldenshaftung des ersteren ohnedies die Substanz. Übermäßige Entnahmen sind ein interner, dem Gläubiger überhaupt nicht erkennbarer Vorgang; für sie ist der Vorerbe dem Nacherben haftbar, je nachdem, ob er befreit war oder nicht.

IV. Nutzung einer Beteiligung an einer Personalgesellschaft.

60. Bevor nachstehend versucht wird, die Rechtslage zu schildern, welche sich bei einem Nießbrauch, einer Nutznießung und einer Vorerbschaft an der Beteiligung an einem Handelsgeschäft (eines offenen Handelsgesellschafters, einer Kommanditbeteiligung) ergibt, oder doch einige Fragen zu erörtern, welche sich in einem solchen Falle aufwerfen, muß allgemein vorausgeschickt werden, daß fast immer der Gesellschaftsvertrag von Bedeutung für die rechtliche Beurteilung sein wird. Denn wenn auch das Verhältnis zwischen Nießbraucher und Gesellschafter, zwischen Vorerbe und Nacherbe nicht durch den Gesellschaftsvertrag geregelt werden kann, so wirken doch die vertraglichen Bestimmungen, welche für die Gesellschafter gelten, die ja auch immer die ursprünglichen und zeitlich vorangehenden Bestimmungen sind, fast immer auf dieses Verhältnis ein. Die nachstehende Erörterung und ihre Ergebnisse werden deshalb nur mit diesem Vorbehalt vorgetragen. Die Möglichkeiten sind daher auch überaus mannigfaltig. Es wäre darum ein aussichtsloses Bemühen, erschöpfende Untersuchungen anzustellen. So muß sich diese Darstellung auf einzeln besonders aufdringliche Fragen beschränken.

A. Nießbrauch.

61. Der volle Nießbrauch an einer solchen Beteiligung hängt von ihrer Veräußerlichkeit ab. Darüber entscheidet der Gesellschaftsvertrag. Die Mitgliedschaft als solche ist höchstpersönlich (bestr.) und unveräußerlich, ebenso ihre vermögensrechtliche Seite, die Beteiligung am Gesellschaftsvermögen im Ganzen (§§ 717, 719 BGB.). Letzteres ist aber nicht zwingenden Rechts (h. M.; a.A. für die OHG. Staub-Bondi Anm. 17a zu § 109 HGB.).

62. Es ist aber rechtlich (§ 139 HGB.) möglich, im Gesellschaftsvertrag wirksam zu vereinbaren, daß nach dem Tode eines Gesellschafters die Gesellschaft mit dem oder den Erben oder einer bestimmten Person fortgesetzt werden, der Gesellschafter aber berechtigt sein soll, den Nießbrauch an seiner Beteiligung einer anderen Person (seiner Witwe zu vermachen, derart, daß der Nießbraucher für die Dauer seines Nießbrauchs auch Gesellschafter sein soll. Tritt der Nießbraucher als Gesellschafter ein, wird er Vollmitglied, nicht Nießbraucher an der Mitgliedschaft (Haftung, Geschäftsführung usw.) eines anderen; letzteres ist rechtlich undenkbar; nur die Stellung zur (Vermögens-) Beteiligung ist auch in diesem Fall bloß nießbrauchsrechtlich. Rechtlich unmöglich, weil mit dem Begriff der Gesamthandberechtigung unverträglich, ist auch in diesem Falle, daß der Nießbrauch den Gesamt-

handanteil des Bestellers an den einzelnen Gegenständen des Gesellschaftsvermögens ergreift, dieser verbleibt dem Erben (Besteller) unbelastet, eine Rechtszuständigkeit, welche nicht stört.

Es kann auch vorgesehen werden, daß der Erbe oder Dritte Gesellschafter wird und daß der Nießbraucher nur in bestimmtem Umfang oder gar nicht an den Herrschaftsrechten teilnimmt oder mitzubeschließen hat.

Beide Abstufungen setzen voraus, daß der Gesellschaftsvertrag selbst den Nießbrauch vorsieht oder doch seine Bestellung gestattet; denn ohne eine solche Vertragsbestimmung greift §§ 717, 719 BGB. ein, daß nicht nur die Mitgliedschaft, sondern auch die Beteiligung am Gesellschaftsvermögen im Ganzen unveräußerlich ist. Sieht der Gesellschaftsvertrag nicht ausdrücklich die Übertragbarkeit des Gesellschaftsanteils oder die Zulässigkeit seiner Belastung mit einem Nießbrauch, sei es auch nur zugunsten bestimmter Personen, vor, so ist der Nießbrauch lediglich am Anspruch auf den Gewinnanteil und auf das Aufeinandersetzungsguthaben möglich (§ 717 Abs. 2 BGB.). Dies ist also der dritte Rechtstypus, der möglich ist.

63. a) Bei dem ersten Typus, bei welchem der Nießbraucher des Gesellschaftsanteils selbst Gesellschafter wird, verdrängt er den Inhaber des Gesellschaftsanteils aus der Gesellschaftserstellung, was die Herrschaftsrechte betrifft, völlig. Der Nießbraucher selbst nimmt, soweit er nicht etwa durch den Gesellschaftsvertrag davon ausgeschlossen ist, an der Geschäftsführung teil, und übt die Rechte eines Gesellschafters aus. Unter gleicher Voraussetzung steht ihm ebenso die Vertretung der Gesellschaft zu, auch, soweit es sich um Verfügungen über Gegenstände des Gesellschaftsvermögens handelt, obwohl er ja für die einzelnen Vermögensgegenstände, auch nur einen Gesamthandanteil, in keiner Weise rechtszuständig ist; denn die Anteile an den einzelnen Vermögensgegenständen sind nach dem Gesamthandsprinzip nicht übertragbar (§ 719 BGB.) und können darum auch mit einem Nießbrauch nicht belastet werden. Aber auch bei Verfügungen über Gegenstände des Gesellschaftsvermögens handelt es sich nicht um Verfügungen der Gesamthandeigentümer, sondern der Gesellschaft selbst, die dabei durch jeden Gesellschafter oder nach Maßgabe des Gesellschaftsvertrages durch mehrere Gesellschafter zusammen gesetzlich vertreten wird. Dagegen steht dem Inhaber des Gesellschaftsanteils während der Dauer des Nießbrauchs bei dieser Regelung kein Recht zur Teilnahme an der Geschäftsführung oder Vertretung der Gesellschaft zu (s. auch g).

b) Der Nießbraucher haftet unbeschränkt für alle Verbindlichkeiten der Gesellschaft, auch solche, welche beim Nießbrauchbeginn schon bestanden haben; die Ansprüche gegen ihn verjähren spätestens 5 Jahre nach Beendigung des Nießbrauchs. Außerdem haftet aber auch der Inhaber des Gesellschaftsanteils unbeschränkt für die Verbindlichkeiten der Gesellschaft. Dies mag zweifelhaft erscheinen; indessen ist festzustellen, daß die Mitgliederzahl zwar nach dem Gesellschaftsvertrag beschränkt, und, da eine Mitgliedstelle dem Nießbraucher eingeräumt ist, der Gesellschaftsanteilseigner dadurch hinausgedrängt ist; aber dies bezieht sich nur auf die herrschaftsrechtliche Seite, hinsichtlich deren seine Mitgliedschaft sozusagen ruht.

c) Nach der vermögensrechtlichen Seite der Mitgliedschaft ist der Nießbraucher nicht Vollmitglied, sondern eben nur Nießbraucher. In vermögensrechtlicher Hinsicht ist der Gesellschaftsanteilseigner auch während des Nießbrauchs Gesellschafter. Bezüglich der Schuldenhaftung ist nicht entscheidend, daß er an der Geschäftsführung nicht teilnimmt; es gibt auch von dieser ausgeschlossene, persönlich haftende Gesellschafter. Entscheidend ist nur, daß bezüglich keines Gesellschafters die Beschränkung der Haftung erklärt und im Handelsregister eingetragen ist.

d) Es ist schon erwähnt worden, daß hier nur typische Vertragsverhältnisse erörtert werden sollen, nicht alle, die durch Vertrag geschaffen werden können. Trotzdem sei darauf hingewiesen, daß der Gesellschaftsvertrag natürlich einen Zustand vorsehen kann, bei welchem der Eigner des Gesellschaftsanteils nicht für die Verpflichtungen haftet. So kann bestimmt werden, daß er für die Dauer des Nießbrauchs nur Kommanditist ist, und daß der Nießbrauch an der Kommanditbeteiligung besteht; dabei kann bezüglich des Nießbrauchers bestimmt werden, daß es auch für ihn dabei sein Bewenden hat, so daß er, ohne für die Verpflichtungen zu haften, nur die Herrschaftsrechte des Kommanditisten ausüben kann, oder aber auch, daß er Nießbraucher am Kommanditanteil und daneben persönlich haftender Gesellschafter ohne eigene Einlage werden solle.

e) Das Recht, aus § 139 HGB. die Umwandlung in eine Kommanditeinlage zu verlangen, steht dem Eigner des Gesellschaftsanteils und nicht dem Nießbraucher zu. Will letzterer der persönlichen Haftung entgehen, so muß er auf den Nießbrauch oder auf die persönliche Mitgliedschaft verzichten, sofern ihm nicht Vertragsbestimmungen zustatten kommen, welche die Beteiligung für die Dauer des Nießbrauchs in eine Kommanditbeteiligung umwandeln. Macht der Eigner des Gesellschaftsanteils von dem Rechte Gebrauch und wird seine Beteiligung in eine Kommanditbeteiligung umgewandelt, so beschränkt sich auch der Nießbrauch auf den Nießbrauch an einer solchen, sofern ihm der Gesellschaftsvertrag nicht gestattet oder auferlegt, daneben persönlich haftender Gesellschafter zu werden. Wird das Verlangen abgelehnt, hat der Eigner des Geschäftsanteils das Recht, um seiner persönlichen Haftung zu entgehen (s. S. 89), trotz des Nießbrauchs sein Ausscheiden zu erklären. Der Nießbrauch erstreckt sich dann auf das Abfindungsguthaben. Eine Gestaltung auf Grund des § 139 HGB. ist endgültig und beschränkt sich nicht auf die Dauer des Nießbrauchs; darin unterscheidet sie sich von einer schon im Gesellschaftsvertrag vorgesehenen Gestaltung, wonach die Beteiligung nur für die Dauer des Nießbrauchs eine Kommanditbeteiligung sein soll.

f) Die übrigen Gesellschafter sind durch den Nießbrauch nicht gehindert, gegebene Kündigungs- oder Ausschlußbefugnisse auszuüben. Wenn der Nießbraucher wegen eines in seiner Person oder seinem Verhalten liegenden Grundes mangels abweichenden Gestaltungsurteils (§§ 117, 127 HGB.) aus der Gesellschaft ausgeschlossen wird (§ 140 HGB.) und der Vertrag diesen Fall nicht regelt, ist schwierig zu beurteilen, ob der Ausschluß sich nur gegen seine Person richtet, so daß der latent Gesellschafter gebliebene Eigner des Anteils wieder Vollgesellschafter wird und die Herrschaftsrechte ausübt oder ob er mit ausscheidet, oder endlich ob ihm oder den übrigen Gesellschaftern die Wahl zwischen diesen Folgen zusteht. Letzteres läßt sich nicht begründen. Wenn auch zögernd, entscheide ich mich dafür, daß der Besteller (trotz § 278 BGB.) wieder Vollgesellschafter wird. Die Klage braucht deshalb nur dann auch gegen ihn gerichtet zu werden, wenn auch er ausgeschlossen werden soll. Es kommt also auch nicht zur Auszahlung des Auseinandersetzungsguthabens, an dessen Erlös sich etwa der Nießbrauch nach 71. fortsetzen würde. Dasselbe gilt von einer vertraglich zulässigen Kündigung wegen eines in Person oder Verhalten des Nießbrauchers liegenden Grundes. Eine im übrigen gesetz- oder vertraglich zulässige (dem Nießbraucher zu erklärende) Kündigung muß auch der Anteilseigner gelten lassen. Was wird nach dem Ausschluß (nach der Kündigung) aus dem Nießbrauch? Bleibt er — rein vermögensrechtlich — bestehen und in welcher Weise, oder geht er unter? Es ist dies in erster Linie nach dem ausdrücklich oder irgendwie formgültig erklärten Willen des Erblassers zu beurteilen. Hat er ihn nicht erklärt, weil er den Fall nicht erwogen oder vorhergesehen hat, so ist wohl nach seinem mutmaßlichen Willen zu entscheiden, wenn er sich irgendwie aus der letztwilligen Verfügung ableiten läßt; auch in anderen Fällen stellt das Gesetz (z. B. §§ 2078, 2079 BGB.) auf den nicht erklärten, ja nicht einmal aus der letztwilligen Verfügung herauszulesenden, sondern der allgemeinen Lebenserfahrung zu entnehmenden mutmaßlichen Willen des Erblassers ab. Regelmäßig dürfte also anzunehmen sein, daß der Nießbrauch bestehen bleibt und nach 64 ff. zu behandeln ist. In Ausnahmefällen könnte auch an die Anfechtbarkeit der letztwilligen Bestimmung (Erbberufung des

Bestellers und Beschränkung des Nießbrauchers auf einen Nießbrauch an Stelle seiner Erbberufung) nach §§ 2078, 2079 BGB. gedacht werden.

g) Die Kündigungs- und Ausschließungsrechte, das Recht über die Auflösung der Gesellschaft zu beschließen sind mit der persönlichen Mitgliedschaft verbunden, daher stehen sie dem Nießbraucher und nicht dem Eigner des belasteten Anteils zu. Nur wird auch hier, wenn der Nießbraucher kündigt, um selbst auszuscheiden, dem Eigner des Anteils zugebilligt werden müssen, daß er die Abfindung durch Übernahme der Mitgliedschaft abwenden darf.

h) Der Verkauf des Geschäfts im Ganzen, seine Überlassung mit allen Aktiven und Passiven an einen Mitgesellschafter ist eine Form der Auflösung der Gesellschaft und der Abwicklung, wofür kraft seiner Mitgliedschaft und Herrschaftsrechte der Nießbraucher, nicht der Eigner des belasteten Gesellschaftsteils vorbehaltlich seiner Verantwortlichkeit gegenüber diesem zuständig ist. Das gilt auch, wenn der Nießbraucher das Geschäft selbst mit allen Aktiven und Passiven übernehmen will, sei es auf Grund Vereinbarung mit den anderen Gesellschaftern, sei es gemäß § 142 HGB.

i) Nur ist in allen diesen Beziehungen zu beachten, sowohl daß der Nießbraucher dem Anteilseigner schuldrechtlich für die Erhaltung des Anteils einzustehen hat, als auch daß im Falle einer solchen Übernahme des Geschäfts durch ihn keine Vereinigung des mit dem Nießbrauch belasteten dem Besteller gehörigen Anteils mit den übrigen Anteilen stattfindet und die Verpflichtung zur Rückübertragung des Anteils bei Nießbrauchsende bestehen bleibt, ja, da der Nießbraucher dem Eigner auch keinen neuen Gesellschafter, also auch sich selbst (praktisch: seine Erben) nicht aufdrängen darf, sodaß möglicherweise für ihn die Verpflichtung besteht, den Erwerb ganz zu unterlassen (?). Diesen heiklen und schwierigen Zweifel kann man nicht damit zur Ruhe verweisen, daß man den Nießbraucher (seine Erben) verpflichtet, das Geschäft dem Besteller auf Verlangen ganz zu überlassen, weil diesem ein solcher, auch wenn möglich, lästig sein kann. Bei der Verantwortlichkeit des Nießbrauchers gegenüber dem Eigner des belasteten Anteils ist freilich auch zu beachten, daß er die persönlichen Mitgliedschafts- und Herrschaftsrechte aus eigener persönlicher Mitgliedschaft hat und nicht nur als Nießbraucher ausübt.

k) Wird das Handelsgeschäft abgewickelt oder der belastete Anteil abgeschichtet, so ist der Nießbraucher berechtigt, das Abwicklungs- bzw. Auseinandersetzungsguthaben einzuziehen und setzt sich der Nießbrauch an dem Ergebnis fort (s. hierüber 71).

l) Nicht zu übersehen ist, daß der Gesellschaftsanteilseigner Vertragsbeteiligter auch gegenüber den übrigen Gesellschaftern bleibt. Es kann daher ohne seine Zustimmung auch ein neuer Gesellschafter nicht aufgenommen werden, sofern dieses nicht kraft besonderer Bestimmung des Gesellschaftsvertrags zulässig ist. Änderungen des Gesellschaftsvertrags sind nur mit seiner Zustimmung wirksam, sieht der Gesellschaftsvertrag eine Abänderung durch Mehrheitsbeschluß vor, kann der Nießbraucher nicht ohne Zustimmung des Anteilseigners für die Abänderung stimmen (wohl aber dagegen und zwar auch dann, wenn der Anteilseigner dafür ist). Da der Eigner des belasteten Anteils in vermögensrechtlicher Hinsicht Gesellschafter ist, ist man geneigt, ihm das unentziehbare Kündigungsrecht des Gesellschafters aus wichtigem Grunde zu gewähren. Aber es hilft ihm nichts, da er es nach § 1071 BGB. ohne Zustimmung des Nießbrauchers nicht verwirklichen, insbesondere auch nach Abs. 2 daselbst den Nießbraucher nicht auf das Abwicklungs- oder Abfindungsergebnis verweisen kann.

m) Da der Anteilseigner Vertragsbeteiligter ist, haften ihm auch alle Gesellschafter für Verschulden bei der Geschäftsführung und der Erfüllung der Gesellschafterpflichten. Das gilt auch vom Nießbraucher. Mit diesem steht er zwar in keinem Gesellschaftsverhältnis, aber dieser haftet ihm kraft Nießbrauchsrechtes für eine von ihm allein oder mitverschuldete Verschlechterung.

n) Der Nießbraucher haftet daher dem Anteilseigner für eine von ihm verschuldete oder mitverschuldete Minderung des Kapitalkontos durch Verluste. Ob er für eine solche Minderung auch dann haftet, wenn sie nicht von ihm oder überhaupt nicht verschuldet ist, sondern auf Konjunktur beruht, ist eine Frage, welche auch bei den anderen Typen des Nießbrauchs an einer Beteiligung auftritt, aber im Gegensatz zum Nießbrauch am Handelsgeschäft eines Einzelkaufmanns durchgängig zu verneinen ist. Denn hier werden die Geschäfte nicht im Namen des Nießbrauchers, sondern der OHG. geführt, der Nießbraucher wird auch nicht Eigentümer des Umsatzvermögens, wofür er Wertersatz zu leisten hätte. Eine Rechtsgrundlage dafür, ihn für den unverschuldeten Verlust aufkommen zu lassen, besteht sonach nicht. Die Lage des Anteilseigners ist auch nicht verschieden von der eines von der Geschäftsführung ausgeschlossenen Gesellschafters, der auch die Verluste hinzunehmen hat. Daß er für das Risiko einer Verringerung seiner Beteiligung keinen Ausgleich durch die Gewinnbeteiligung hat, beruht auf dem Nießbrauchvertrag, richtiger auf der letztwilligen Verfügung seines Vorgängers, der ihm die Beteiligung nur mit diesem Keim zu einer Abschwendung hinterlassen hat. Soweit hienach der Nießbraucher im Verhältnis zum Besteller den Verlust nicht zu tragen hat, ist der Besteller dem Nießbraucher wegen dessen Haftung für die Gesellschaftsschulden ausgleichs-, bei Nießbrauchsende befreiungspflichtig, vorbehaltlich der Ausgleichspflicht der übrigen Gesellschafter im Falle der Inanspruchnahme. Diese Ausgleichspflicht ergibt sich aus dem Wesen der Sache, da andernfalls der Besteller auf Kosten des Nießbrauchers von der Haftung verschont bliebe und bereichert wäre. Besteht diese Ausgleichs- (Befreiungs-) pflicht etwa nur cum viribus des Geschäftsanteils? Wenn der Besteller gegenüber den Gläubigern unbeschränkt haftet, ist kein Grund ersichtlich, warum er dem Nießbraucher nur mit dem Geschäftsanteil ausgleichspflichtig sein sollte. (Da Nießbraucher und Besteller als solche, auch wenn ersterer Gesellschafter geworden ist, in keinem Gesellschaftsverhältnis stehen, ist auf ihre Auseinandersetzung als Nießbraucher und Besteller weder § 707 noch § 735 BGB. anwendbar.)

Eine Gestaltung der geschilderten Art gibt, wie wir gesehen haben, dem Nießbraucher eine fast unumschränkte Machtstellung, wobei sogar seine Verantwortlichkeit gegenüber dem Eigner des belasteten Anteils für die Art der Ausübung der Mitgliedsrechte auch dann zweifelhaft ist, wenn diese einschneidende Bedeutung für das Vermögensrecht hat. Die Stellung des Nießbrauchers in bezug auf die Handelsgeschäftsbeteiligung ist nicht viel anders, als sie wäre, wenn der Nießbraucher Vorerbe (Erbe des gesamten Vermögens beschränkt durch die Einsetzung eines Nacherben) wäre. Ihm diese Stellung zu geben, setzt also großes Vertrauen des Erblassers oder einen von innerer Verbundenheit besonders beeinflußten letzten Willen des Erblassers voraus. Dieser wird oft, besonders dann vorliegen, wenn der Nießbrauch dem überlebenden Ehegatten oder einem Kind vermacht ist, dessen Kinder zu Erben berufen sind.

64. Wesentlich anders ist die Stellung des Nießbrauchers in den beiden Fällen (s. Ziff. 62 S. 87) persönlicher Mitgliedschaft des Anteilseigners — sei es als persönlich haftender vollberechtigter oder von der Geschäftsführung ausgeschlossener Gesellschafter, letzteres von vornherein oder für die Dauer des Nießbrauchs, oder sei es ebenso von vornherein oder für die Dauer des Nießbrauchs als Kommanditist — in denen der Nießbraucher auf den Nießbrauch, sei es auf Grund vertraglicher Zulässigkeit an der Vermögensbeteiligung oder sei es ohne derartige Vertragsbestimmung an dem Gewinnanteil und an dem Anspruch auf das Auseinandersetzungsguthaben beschränkt ist. Letzterenfalls handelt es sich nur um den Nießbrauch an einem Recht auf Leistung (§§ 1070—1074 BGB.). Aber in beiden Fällen ist die Stellung des Nießbrauchers im wesentlichen gleich.

Während das Recht, die Gesellschaft nach Maßgabe des Gesetzes oder Gesellschaftsvertrags mitzuverwalten, sie zu vertreten, ihre Geschäfte zu führen, über die Bilanz zu beschließen usw., bzw. bei der Geschäftsführung mitzuwirken, Auskunft zu verlangen, die Bücher einzusehen usw., auch die Gesellschaft nach Maßgabe des Gesellschaftsvertrages zu kündigen, dem Gesellschafter verbleibt, und der Nießbraucher den übrigen Gesellschaftern nicht als Mitglied der Gesellschaft aufgenötigt werden kann, hat dieser lediglich das Recht, den Gewinnanteil einzuziehen; das Recht auf Auskunft, Büchereinsicht, zum Widerspruch gegen eine Maßnahme der Geschäftsführung hat der Nießbraucher nicht. Kommt es zur Auflösung der Gesellschaft durch Zeitablauf, Beschluß der Gesellschafter, gerichtliches Urteil (§ 132 HGB.), durch Kündigung eines anderen oder infolge eines anderen gesetzlichen Auflösungsgrundes, oder wird der Gesellschafter nach § 140 HGB. ausgeschlossen oder scheidet er aus der Gesellschaft zufolge Kündigung oder zufolge § 139 HGB. aus, weil er das Verlangen gestellt hat, Kommanditist zu werden und die übrigen Gesellschafter dies abgelehnt haben, so ist der Nießbraucher berechtigt, das Auseinandersetzungsguthaben einzuziehen. Selbst zu kündigen ist er nicht berechtigt, denn die Kündigung ist kein kapitalistisches, sondern ein gesellschaftliches Recht. Aus demselben Grunde bedarf der Eigner des belasteten Anteils, welcher Gesellschafter ist, und hier die Mitgliedschaft besitzt, hier zur Kündigung nicht der Zustimmung des Nießbrauchers (gemäß § 1071 BGB.); denn das Recht, die Gesellschaft zu kündigen, ist höchstpersönlich, wie ja auch aus höchstpersönlichen Gründen gekündigt werden kann, und kann nach § 723 Abs. 4 BGB. durch Gesellschaftsvertrag nicht eingeschränkt werden. Es verträgt eine solche Einschränkung daher auch nicht unter dem Gesichtspunkt der Rücksicht auf das Vermögensrecht eines anderen. Nicht einmal der Gläubiger des Gesellschafters, der das Auseinandersetzungsguthaben gepfändet hat, bedarf zur Kündigung der Gesellschaft der Zustimmung des Nießbrauchers. Dieser kann allerdings die Interventionsklage nach § 771 ZPO. erheben. Daß er damit die Kündigung verhindern kann, scheint mir aber nicht zuzutreffen. Indessen hilft dem Pfändungspfandgläubiger die Kündigung nicht viel; denn an dem Betrag, der auf dem ausscheidenden Gesellschafter entfällt, bleibt zunächst der Nießbrauch bestehen.

65. a) Dem Nießbraucher steht in allen drei Fällen (62) der jährliche Gewinnanteil zu. Hier drängen sich eine ganze Reihe von Fragen auf. Hat der Nießbraucher Anspruch auf den der Beteiligung entsprechenden Anteil an dem vollen wirklich erzielten Reingewinn oder nur an dem ausgewiesenen Reingewinn? An letzteren in voller Höhe oder nur in der Höhe, in dem er ausgeschüttet wird?

Diesem Ansturm von Fragen ist mit folgenden Erwägungen zu begegnen: Zunächst muß festgehalten werden, daß die Feststellung des Reingewinns den Mitgliedern der Gesellschaft als solchen kraft Mitgliedschaftsrechtes obliegt, daß demnach der Nießbraucher die Bilanz, welche die Gesellschafter — im ersten Falle unter seiner Mitwirkung — beschließen, und die damit gleichzeitig getroffene Feststellung des Reingewinns als bindend hinzunehmen hat. Es ist dabei unerheblich, ob der Gesellschaftsvertrag für diesen Beschluß Einstimmigkeit oder Mehrheit verlangt und letzteren Falles ob und in welchem Sinne der Gesellschafter mitgestimmt hat, dessen Beteiligung mit dem Nießbrauch belastet ist. Auch wenn dieser wegen Irrtums oder Täuschung die Möglichkeit hätte, seine Erklärung zu widerrufen oder anzufechten, steht doch der Nießbraucher, solange dies nicht geschehen, einer für ihn unabänderlichen und bindenden Feststellung des Reingewinns gegenüber. Das gilt auch dann, wenn die Gesellschafter bewußt einen erheblichen Teil des tatsächlich erzielten Reingewinnes nicht ausweisen.

b) Verschieden von der Feststellung des Gewinnes ist die Frage seiner Verwendung. Die oben aufgeworfenen Fragen klären sich, wenn man sich daran erinnert, daß der Reingewinn zunächst nur eine Bilanzziffer ist, welche ausdrückt, in welchem Maße das Gesellschaftsvermögen, summarisch nach Konten bewertet zu den Ansätzen der Bilanz, aber bestehend in einer Vielzahl von Vermögensgegenständen, zum allergeringsten Teil aus Geld, Zuwachs erfahren hat. Der Reingewinn, d. h. der Vermögenszuwachs der Gesellschaft erzeugt daher zunächst nicht einen Geldanspruch des Gesellschafters, sondern vermehrt seinen Gesellschaftsanteil. Die Berechnung des Anteils des Gesellschafters am Jahresgewinn gemäß § 120 HGB. bedeutet daher nicht eine Berechnung, welche Zahlung der Gesellschafter zu verlangen hat, sondern die Berechnung, um wieviel sein Kapitalanteil im Laufe des Geschäftsjahres gewachsen ist. Maßgebend für diese Berechnung sind neben der Bilanz die im Gesellschaftsvertrag hilfsweise in § 121 Abs. 1 und 3 HGB. bestimmten Verteilungsgrundsätze. Dementsprechend ist nach § 120 Abs. 2 HGB. der einem Gesellschafter „zukommende" richtiger (zugewachsene) Gewinn seinem Kapitalkonto zuzuschreiben (vgl. hiezu auch Godin JR. 1948 S. 63). Soweit diese Überlegungen reichen, ginge also der Nießbraucher leer aus; denn das Wachstum des Gesellschaftsanteils ist keine Frucht desselben. Aber regelmäßig steht dem Gesellschafter, wenn ein Reingewinn erzielt ist, auch ein Geldanspruch zu. Vorbehaltlich diesen Anspruch ausschließender oder ihn erweiternder Bestimmungen des Gesellschaftsvertrags, die natürlich auch eine Beschlußfassung der Gesellschafter vorsehen können, kann nach § 122 HGB. jeder Gesellschafter aus der Gesellschaftskasse Geld bis zum Betrag von 4 v. H. seines für das letzte Geschäftsjahr festgestellten Kapitalanteils zu dessen Lasten erheben, und, soweit es nicht zum offenbaren Schaden der Gesellschaft gereicht, auch die Auszahlung seines den Betrag übersteigenden Anteils am Gewinn des letzten Jahres verlangen.

Mangels abweichender Bestimmung des Gesellschaftsvertrags hat der Gesellschafter dieses Recht unbedingt; macht der Gesellschaftsvertrag einen Gesellschafterbeschluß zur Voraussetzung, so hat er es nur nach Maßgabe dieses Beschlusses. Es handelt sich hier um das Recht, den Kapitalanteil durch Erhebungen zu mindern. Die Erhebung wird richtig zunächst auf Privatkonto verbucht und dann dessen Saldo in das Soll des Kapitalkontos übertragen. Steht nun dieses Recht dem Nießbraucher zu, obwohl es sich um eine Minderung des Kapitalanteils handelt, der ja im gesetzlichen Regelfalle seinerseits unveräußerlich und nicht Gegenstand des Nießbrauchs ist? Dies ist trotz begrifflicher Folgewidrigkeit in jedem Falle zu bejahen, weil eben § 717 S. 2 BGB. bewußt die begriffliche Folgerichtigkeit durchbricht und den Anspruch auf Auszahlung eines dem Gewinn entsprechenden Geldbetrages auch ohne Vertragsbestimmung als abtretbar erklärt. Es kann nach den vorgetragenen Überlegungen mit dem nach § 717 S. 2 BGB. oder Vertrag abtretbaren Gewinnanteil immer nur der Anspruch auf den nach Gesetz oder Vertrag auszuzahlenden Gewinnanteil gemeint sein; denn davon abgesehen handelt es sich eben um eine Vermehrung des Kapitalanteils, die nicht auszahlbar ist, und auf die kein Anspruch besteht, die vielmehr, nachdem sie sich von selbst vollzogen, am Schluß des Jahres nur festgestellt wird. Einen Anspruch des Gesellschafters gegen die Gesellschaft erzeugt diese Vermehrung nur insoweit, als eben durch Gesetz oder Vertrag bestimmt wird, daß sie in Geld ausgezahlt werden soll und nur ein solcher „Anspruch" ist für abtretbar erklärt. Es kann daher die Frage nicht auftauchen, ob der Nießbraucher gegenüber der Gesellschaft einen Anspruch auf nicht ausgewiesene oder nicht ausgeschüttete Gewinne hat. Gegenüber dem Gesellschafter, an dessen Beteiligung der Nießbrauch bestellt ist, ist ein schuldrechtlicher Anspruch auf Abführung des den ausschüttbaren Gewinn übersteigenden Vermögenszuwachses denkbar, aber erst mit Fälligkeit bei Gesellschaftsende und abhängig von der zwischenzeitlichen Entwicklung des Gesellschaftsvermögens, also praktisch ohne ausdrückliche Bestimmung nicht anzunehmen, auch deshalb nicht, weil er sich aus Nießbrauchsrecht allein auch aus dem Grunde nicht ableiten läßt, daß ein derartiger Vermögenszuwachs nicht zu den Früchten (Nutzungen) des belasteten Anteils gehört (vgl. 71).

Nur soweit die Unterlassung der Ausschüttung ausgewiesenen Gewinnes von vornherein als vorübergehende Maßnahme gedacht und das Recht ihn abzuheben nur vorübergehend ausgeschlossen ist, steht letzteres weiter dem Nießbraucher zu; sollten die Gesellschafter in einem solchen Fall für den später auszuschüttenden Gewinnanteil sofort auf Privatkonto zu Lasten ihres Kapitalkontos erkannt werden, ist diese Gutschrift dem Nießbraucher zu erteilen.

Soweit der Auszahlungsanspruch nach Maßgabe des Gesetzes, Gesellschaftsvertrages oder eines dem letzteren gemäß gefaßten Gesellschafterbeschlusses besteht, kann der Gesellschafter nicht zum Nachteil des Nießbrauchers auf den Anspruch auf Auszahlung verzichten (§ 1071 BGB.); er kann ihn auch nicht etwa gegen eine Einlageverpflichtung aufrechnen, wozu jedoch umgekehrt die Gesellschaft trotz des Nießbrauchs berechtigt ist.

66. Der Gesellschafter hat, wenn der Gesellschaftsvertrag dies nicht wie meist ausschließt oder anders regelt, das Recht, 4% seines zuletzt festgestellten Kapitalanteils auch dann zu entnehmen, wenn der Gewinn dazu nicht ausreicht. Nach herrschender Ansicht ist dieses vom Gewinn unabhängige Recht zur Entnahme nicht abtretbar. Der Nießbraucher würde es danach nicht ausüben können. Dies wird damit begründet, daß dieser Entnahmeanspruch nach HGB. nicht als Teil des Gewinnes anzusehen sei und daß die Ausnahmebestimmung des § 717 S. 2 BGB. wegen dieses Charakters einer Ausdehnung nicht fähig sei. Jedoch gestattet die Bestimmung auch die Abtretung des Anspruchs auf das Auseinandersetzungsguthaben. Bei der festen Entnahme handelt es sich m. E. um einen Teil davon, um eine Zahlung in Anrechnung auf das Auseinandersetzungsguthaben, so daß ich den Anspruch darauf unbedenklich für abtretungsfähig ansehe. Verschieden davon ist die Frage, ob diese feste Entnahme als eine Nutzung (Frucht) angesehen werden kann, die dem Nießbraucher gebührt. Die Frage ist nicht unzweifelhaft, aber ich möchte auch sie bejahen. Mir scheint der Fall nicht wesentlich anders zu liegen als bei der Gewinnung von Bodenbestandteilen oder wie bei einer Leibrente (§ 1073 BGB.). Verneint man letztere Frage, so wird man trotzdem dem Gesellschafter das Recht versagen müssen, etwa seinerseits die feste Entnahme während des Geschäftsjahres auszuüben, weil er dadurch den Anspruch des Nießbrauchers auf den Gewinnanteil schmälern würde, wenn nach Ablauf des Geschäftsjahres ein solcher festgestellt wird. Ist entsprechend meiner Ansicht der Nießbraucher entnahmeberechtigt und die Entnahme Frucht des Geschäftsanteils, so ist der Nießbraucher auch nicht nach §§ 1074, 1075, 1067 BGB. bei Nießbrauchsende ersatzpflichtig, wenn die Entnahmen den Reingewinn übersteigen.

67. Einem Gesellschafter kann nach dem Gesellschaftsvertrag eine feste Vergütung und ein Vorzugsgewinnanteil zustehen. Soweit es sich hierbei um eine Gegenleistung für seine Tätigkeit handelt, welche wegfällt, wenn er aus irgendeinem Grunde freiwillig oder unfreiwillig diese Tätigkeit einstellt, wird die Gegenleistung von dem Nießbrauch an der Beteiligung nicht ergriffen, umgekehrt aber wohl, wenn etwa der Nießbrauch an der Beteiligung eines persönlich haftenden Gesell-

schafters besteht und dieser als solcher ohne Rücksicht auf seine Tätigkeit eine Vorzugsgewinnbeteiligung vor anderen Gesellschaftern, insbesondere etwa vor einem Kommanditisten hat. Freilich ergibt sich damit mittelbar ein Nießbrauch an der Haftung eines andern; aber dieser ergibt sich auch, wenn die Gewinnbeteiligung nicht erhöht ist.

68. Ist der Kapitalanteil durch Verlust gemindert, so hindert dies die Auszahlung eines späteren Gewinnes nicht, wenn nicht der Gesellschaftsvertrag sie etwa verbietet und wenn mangels einer Vertragsbestimmung die Voraussetzungen für den Auszahlungsanspruch nach § 122 HGB. erfüllt sind. Auch in diesem Falle hat der Nießbraucher den auszuzahlenden Gewinnanteil zu beanspruchen. Das Gesagte gilt selbst dann, wenn der Kapitalanteil unter Null gesunken und passiv ist (bestritten).

69. Einige Besonderheiten weist nach dem Gesetz das Recht der Kommanditgesellschaft auf; die aber durch Gesellschaftsvertrag abweichend geregelt werden können. Besteht der Nießbrauch an einer Kommanditbeteiligung, so gelten nämlich folgende Abweichungen. Der Gewinnanteil des Kommanditisten wird, wenn die bedungene Einlage geleistet ist, immer ausgezahlt. Der Kommanditist hat kein Recht, den Gewinnanteil auf seinem Kapitalkonto stehen zu lassen. Umgekehrt hat er kein Recht auf feste Entnahme und muß den Gewinn stehen lassen, solange sein Kapitalanteil durch Verlust unter dem Betrag herabgemindert ist, welcher auf die bedungene Einlage geleistet war. Dies alles gilt auch für den Nießbraucher.

70. Es hat sich ergeben, daß der Nießbraucher nicht beteiligt ist an dem Gewinn, welcher in stillen Rücklagen versteckt oder offen zurückgelegt wird, wenn letzteres dem Gesellschaftsvertrag entspricht. Umgekehrt ist zu fragen, ob er an dem Gewinn beteiligt ist, welcher aus der Auflösung stiller Rücklagen herrührt und ausgezahlt wird. Wenn es sich nicht um stille Rücklagen handelt, welche zum Schaden des Nießbrauchers in den vorangegangenen Jahren gestellt worden waren, ist man versucht, die Frage gefühlsmäßig zu verneinen und sich auf den Grundsatz zu berufen, daß die Früchte nur salva rerum substantia dem Nießbraucher gebühren. Andererseits ist nicht zu verkennen, daß es sich auch dabei um Erträge handelt, die nur in einem früheren Zeitraum erzielt und bisher aufgespeichert worden sind, so daß von einem Angriff auf die Substanz nur gesprochen werden kann, wenn dabei auf den Vermögensstand zur Zeit des Erbfalls abgestellt und lediglich das Verhältnis zwischen Nießbraucher und Erbe ins Auge gefaßt wird. Soweit stille Rücklagen ausgeschüttet werden, um in weniger guten Jahren die Erträgnisse aufzubessern und den Gesellschaftern eine hinter früheren Ausschüttungen nicht zurückbleibende

Ausschüttung machen zu können, wird man nichts dagegen einwenden müssen, daß der Nießbraucher an dieser Ausschüttung als an einer während seines Nießbrauchsrechtes fällig werdenden Frucht teilnimmt; denn auch der Erblasser hätte eine solche Ausschüttung nicht als Angriff auf die Substanz seines Vermögens, sondern als einen Ertrag seines Vermögens angesehen. Wo aber die Ausschüttung ein großes Ausmaß hat und die Bedeutung einer Vermögensteilausschüttung annimmt, wird man sie als eine solche behandeln müssen (vgl. nachstehend).

71. Wird die Beteiligung ausgezahlt, sei es nach durchgeführter Abwicklung oder weil der Gesellschafter ausscheidet, so ist zunächst davon auszugehen, daß die Forderung auf das Auseinandersetzungsguthaben vom Nießbrauch ergriffen wird. Man stößt daher auf die Frage, ob man § 1075 BGB. anzuwenden hat, der von zinslosen Forderungen handelt und dem Nießbraucher das Recht geben, die Forderung einzuziehen und das Geld vorbehaltlich seiner Ersatzpflicht bei Nießbrauchsende für sich zu verwenden, oder ob § 1076ff. BGB. über den Nießbrauch an verzinslichen Forderungen anzuwenden ist; nach letzterer Vorschrift hätten Gesellschafter und Nießbraucher zusammenzuwirken und das Geld gemeinsam mündelsicher, belastet mit dem Nießbrauch, neu anzulegen. So sachgemäß letztere Regelung erscheint, scheint doch nach dem Wortlaut des Gesetzes die erstere Platz zu greifen, wenn nicht der Erblasser so verständig war, den Fall vorzusehen und anders zu regeln; es läßt sich aber hiergegen der triftige Einwand erheben, daß bei Bestellung des Nießbrauchs die Beteiligten, insbesondere der Erblasser selbst, nicht an einen Nießbrauch an einer zinslosen Forderung, sondern an den Nießbrauch an einer mit regelmäßigen Gewinnen verknüpften Beteiligung gedacht haben.

Wird Gesellschaftsvermögen in Natur verteilt, so erwirbt der Gesellschafter daran das Eigentum, der Nießbraucher den Nießbrauch.

Kommt es während des Nießbrauchs zur Auszahlung des Auseinandersetzungsguthabens, sei es infolge Ausscheidens oder Abwicklung oder Verkaufs des Geschäfts, so gebührt nicht etwa nunmehr dem Nießbraucher der Betrag, um den es durch die Nichtausschüttung eines Teiles der Gewinne während des Nießbrauchs gewachsen ist. Der Anteil an dem Liquidationserlös ist vielmehr eine Umsetzung des Kapitalanteils, wie er infolge dieser zugeschriebenen Gewinne entstanden ist. Diese verwandeln sich nicht in Gewinnanteil zurück. Natürlich unterliegt der gesamte Auseinandersetzungsanspruch dem Nießbrauch, aber der zugewachsene Teil ist nicht als Frucht zu behandeln, die der Nießbraucher nunmehr behalten könnte (vgl. hiezu 65). Wohl aber behält der Nießbraucher den Anspruch auf eine während des Nießbrauchs nach Vertrag, Beschluß oder Gesetz begründete Gewinnausschüttung, auch wenn sie bis zur Auszahlung des Auseinandersetzungsguthabens noch nicht vorgenommen oder suspendiert war, auch dann, wenn später Verluste eingetreten sind.

Zum Schluß dieses Abschnittes mag nochmals (s. 63n) erwähnt werden, daß den Nießbraucher einer Beteiligung niemals ein Verlust treffen kann. Seine Lage ist wesentlich anders als die eines Nießbrauchers an einem ganzen Erwerbsgeschäft, steht ihm — im gesetzten Falle — doch nur ein Nießbrauch an dem Gewinnanteil und an dem Auseinandersetzungsguthaben zu! Aber auch in den andern Fällen gilt das Gleiche. Nicht vom Nießbraucher und nicht in seinem Namen werden die Rechtsgeschäfte der Gesellschaft abgeschlossen. Er wird auch nicht Eigentümer des Geschäftsvermögens, zu dessen Rückgabe er verpflichtet wäre, wie der Nießbraucher eines Erwerbsgeschäftes Eigentümer der zum Umlaufsvermögen gehörigen Gegenstände.

B. Ehemännliche und elterliche Nutznießung.

72. Für die gesetzliche Nutznießung des Ehemannes an einer zum eingebrachten Gut oder des elterlichen Gewalthabers an einer zum Kindesvermögen gehörigen Beteiligung ergibt sich folgendes:

Handelt es sich um eine Beteiligung der Frau als persönlich haftende Gesellschafterin einer offenen Handelsgesellschaft oder Kommanditgesellschaft, so gehört mangels Ehevertrags der Anteil der Frau am Gesellschaftsvermögen zum eingebrachten Gut (OLG. München HRR. 1942 Nr. 261), dagegen der Erwerb aus der Beteiligung nach RGZ. 127 S. 114, auch OLG. München a. a. O. und nach herrschender Lehre (Staudinger Anm. 3b zu § 1367) auf Grund § 1367 BGB. — gleichgültig, ob die Frau an der Geschäftsführung beteiligt ist oder nicht — zum Vorbehaltsgut und nur dann zum eingebrachten Gut, wenn sie durch Ehevertrag dazu erklärt ist.

Eine kommanditarische Beteiligung der Frau wird dagegen nicht als selbständiger Betrieb eines Erwerbsgeschäftes anerkannt und dementsprechend nicht nur der Anteil der Kommanditistin am Gesellschaftsvermögen dem eingebrachten Gut zugezählt, sondern auch der Erwerb, d. h. ihr Anteil am Reingewinn dem nutznießenden Ehemann zugesprochen (vgl. OGH. Köln NJW. 48 S. 692 und die dort Zitierten)

Indessen, was heißt das, daß der Erwerb Vorbehaltsgut bzw. eingebrachtes Gut, dem Manne gebührende Frucht sein soll? Der Kapitalanteil selbst, die vermögensrechtliche Seite der Mitgliedschaft, kann wie diese selbst nur ein einheitliches Recht sein. Er ist rechtlich nicht teilbar, auch ziffernmäßig nicht. Soweit er in Ziffern ausgedrückt ist, ist er kein beziffertes Nomen, sondern eine bloß rechnerische Größe, welche die Beteiligung an dem aus der Summe der einzeln zu bewertenden Vermögensgegenstände, vermindert um die Schulden, bestehenden Vermögen der Gesellschaft ergibt. Es ist daher nicht denkbar, daß der Gesellschaftsanteil in Höhe von x DM. eingebrachtes Gut und in Höhe von y DM. Vorbehaltsgut bzw. Frucht sein solle, die dem Manne gebührt. Bezüglich der einzelnen Vermögensgegenstände ließe sich, je nach dem Entwicklungsgang, feststellen, wann sie erworben sind, und ob das gesamthänderische Miteigentum der Gesellschafterin eingebrachtes Gut oder Vorbehaltsgut ist. Aber damit wäre nichts gewonnen, weil diese Aktivvermögensgegenstände ja auch bestimmt sind, die Verbindlichkeiten zu decken und es jeweils unbestimmt ist, ob die Tilgung der Verbindlichkeiten aus der einen oder anderen Gruppe erfolgen wird. Die (gesamthänderischen) Beteiligungen an den einzelnen Gegenständen des Gesellschaftsvermögens sind gesellschaftsrechtlich einheitlich zweckgebunden, so daß sie in ein Gesamtvermögen mit einheitlicher Zweckbestimmung aufgehen. Es ist ein Unding, sie nach Gesichtspunkten unterscheiden zu wollen, welche von individuellen Merkmalen in der Person eines Gesellschafters ausgehen. Auch ohne daß es nötig wäre, die Frage zu entscheiden, ob es sich nur um eine Vielzahl von Gesamthandmitberechtigungen der einzelnen Gesellschafter (der Ehefrau) oder auch um eine einheitliche Gesamthandberechtigung an dem gesamten Gesellschaftsvermögen (§§ 719 BGB., 859 CPO.) handelt, mündet die Betrachtung unter dem Gesichtspunkt des Miteigentums an den einzelnen Gegenständen des Gesellschaftsvermögens in die Betrachtung ihrer Zusammenfassung im Kapitalanteil aus, der nach seinem reinen Wert einheitlich beziffert wird. Der Ehemann kann ohnedies niemals unmittelbar Gesamthandeigentum an Gegenständen des Gesellschaftsvermögens erwerben, da er nicht Gesellschafter ist. Das Ergebnis ist, daß, wenn der Gesellschaftsanteil eingebrachtes Gut, d. h. nicht vertragsmäßig zum Vorbehaltsgut erklärt ist, er es immer in voller Höhe sein muß — dies verkennt HRR. 1942 Nr. 261 — und nur der als seine Frucht erscheinende vertragsmäßige oder gesetzliche Anspruch auf eine dem Reingewinnanteil entsprechende Geldauszahlung Vorbehaltsgut oder Gegenstand der Mannesnutzung werden kann.

Hierauf, wie auf die Nutzung des elterlichen Gewalthabers ist zufolge §§ 1383, 1652 BGB. das unter A S. 94 ff. entwickelte anwendbar. Nur, wenn Gewinne ausgeschüttet werden, obwohl der Kapitalanteil durch Verluste gemindert ist, wird man nach § 1655 BGB. anzunehmen haben, daß der Gewalthaber ihn zur Wiederauffüllung des Kapitalanteils und, wenn ihm nach dem Gesellschaftsvertrag dies nicht gestattet ist, zur Kapitalanlage im Namen des Kindes verwenden muß. Für ehemännliche Nutznießung fehlt eine § 1655 BGB. entsprechende Bestimmung; trotzdem wird man sie sinngemäß anzuwenden haben.

73. Im Falle der Auszahlung des Auseinandersetzungsguthabens infolge Ausscheidens, Abwicklung oder Verkaufs des Geschäfts gilt das S. 99 Gesagte. Es wird in voller Höhe eingebrachtes Gut; dem Verbehaltsgut oder Manne gebührt nur ein auf Privatkonto stehender Gewinnrückstand. (Der Erlös des Kapitalanteils kann nie nach § 1367 BGB., nur nach §§ 1368, 1370 BGB. Vorbehaltsgut werden, wenn die Beteiligung durch Ehevertrag zum Vorbehaltsgut erklärt war.)

74. Die Mitgliedschaft nach ihrer persönlichen Seite kann der Mann ohne Zulassung durch Gesellschaftsvertrag oder Gesellschafter im eigenen Namen niemals ausüben, da sie ohne diese Voraussetzung gemäß ihrer Natur, weil höchstpersönlich, auch der Ausübung nach, nicht übertragen werden kann, also nicht der Verwaltung und Nutznießung des Mannes unterliegt; dem stünde auch das gesellschaftliche Recht der anderen Gesellschafter entgegen (vgl. OGH. Köln NJW. 48 S. 692 und 61 S. 87). Wie unter A ausgeführt, gehört zur Ausübung der Mitgliedschaft die Teilnahme an der Geschäftsführung, die Beschlußfassung über die Auflösung der Gesellschaft, die Kündigung, die Veräußerung des Geschäfts, der Auskauf eines Gesellschafters usw. Der Ehemann hat dabei nicht mitzustimmen, die Frau bedarf nicht seiner Zustimmung (daher m. E. falsch RGZ. 127 S. 114f.). Der Mann kann die Mitgliedschaft nach ihrer persönlichen Seite nur im Namen der Frau mittels Vollmacht, und nur dann ausüben, wenn nach dem Gesellschaftsvertrag dem Gesellschafter das Recht eingeräumt ist, seine Befugnisse durch einen Bevollmächtigten ausüben zu lassen. Dies gilt nicht vom elterlichen Gewalthaber, der als gesetzlicher Vertreter des Kindes dessen Gesellschaftsrechte in dessen Namen ausüben kann und muß.

75. Leben die Ehegatten in allgemeiner Gütergemeinschaft, so ist die Beteiligung Sondergut (§ 1439 mit 719 BGB.); leben sie in Errungenschaftsgemeinschaft, eingebrachtes Gut (§ 1522 BGB.). In beiden Fällen wird der auf die Beteiligung entfallende und ausgeschüttete Gewinn Gesamtgut. Dies ergibt sich für die allgemeine Gütergemeinschaft aus § 1438 Abs. 2 S. 2 BGB., da der Gewinnanteil und der Anspruch auf das Auseinandersetzungsguthaben abtretbar ist (s. oben insbes. auch bzgl. des Rechts auf feste Entnahme), und für das Sondergut keine Surrogation gilt, für die Errungenschaftsgemeinschaft aus § 1524 Abs. 1 S. 2.

Wird die Beteiligung ausgezahlt, so bleibt sie bei der Errungenschaftsgemeinschaft eingebrachtes Gut (§ 1524 BGB.), wird dagegen bei der allgemeinen Gütergemeinschaft Gesamtgut, da § 1524 in § 1439 für unanwendbar erklärt ist.

Faßt man für das Verhältnis der (als Gesellschafter und Nutznießer) an der Beteiligung Mitberechtigten die Ausschüttung vor der Ehe gebildeter stiller Rücklagen als eine Teilzahlung auf das Auseinandersetzungsguthaben auf (s. unter A 70), muß man eine solche Ausschüttung bei der Errungenschaftsgemeinschaft dem eingebrachten Gut, bei der allgemeinen Gütergemeinschaft dem Gesamtgut zusprechen. Die feste Entnahme fällt dagegen, auch wenn kein Gewinn erzielt ist, in beiden Fällen dem Gesamtgut zu. Ihr fehlt das Außerordentliche. Infolge ihrer Regelmäßigkeit ist sie wie eine Nutzung zu behandeln. Über ihre Abtretbarkeit s. oben 66.

C. Vorerbschaft.

76. Bei der Vorerbschaft erweist sich in mannigfacher Hinsicht ihr wesentlicher Unterschied vom Nießbrauch. Während der Nießbraucher die Mitgliedsrechte ohne entsprechende Vertragsbestimmung nicht ausüben kann, wird der Vorerbe selbst Gesellschafter. Er hat daher alle Rechte, welche einem echten Gesellschafter zustehen, kann auch vorbehaltlich § 2130 ohne Zustimmung des Nacherben die Gesellschaft oder seine Beteiligung kündigen oder gemäß § 139 HGB. in eine Kommanditbeteiligung umwandeln oder gemäß dieser Vorschrift aus der Gesellschaft austreten; während der Nacherbe die Kommanditbeteiligung wieder zurückverwandeln kann (s. Godin Wirtschaftsblatt der Industrie- und Handelskammer Berlin 1939, Heft 17 S. 672) kann dieser jedoch nicht wieder eintreten, wenn der Vorerbe ausgetreten ist. Umgekehrt steht das Recht, die Umwandlung in eine Kommanditbeteiligung zu verlangen, wenn nicht schon der Vorerbe davon Gebrauch gemacht hatte, nach dem Eintritt der Nacherbfolge auch dem Nacherben zu.

77. Macht der Nacherbe keinen Gebrauch von dem Recht aus § 139 BGB., so haftet er für alle Verbindlichkeiten der Gesellschaft persönlich, auch solche, welche erst während der Vorerbschaft entstanden sind. Dies ergibt sich aus §§ 27, 139 HGB., wenn auch nicht unmittelbar, so doch sinngemäß. Dasselbe gilt selbstverständlich, wenn der Nacherbe trotz der von dem Vorerben vorgenommenen Umwandlung der Beteiligung in eine Kommanditbeteiligung persönlich haftender Gesellschafter wird. Wenn umgekehrt erst der Nacherbe von dem Rechte Gebrauch macht, die Beteiligung in eine Kommanditbeteiligung umzuwandeln, so haftet er für die Geschäftsverbindlichkeiten nur mit der Kommanditeinlage und, wenn er aus der Gesellschaft ausscheidet, weil die übrigen Gesellschafter die Umwandlung in eine Kommanditbeteiligung ablehnen, nur mit dem Bestand der Erbschaft im Zeitpunkt des Eintritts der Nacherbfolge mit Einschluß der ihm gegen den Vorerben als solchen zustehenden Ansprüche (§§ 139 Abs. 4 HGB., 2144 BGB.).

Da über das Gesellschaftsvermögen die Gesellschaft als solche verfügt (vgl. § 124 BGB.), bedarf es dazu niemals der Zustimmung des Nacherben, auch nicht in den Fällen, in welchen der Vorerbe regelmäßig seiner Zustimmung bedarf.

78. Auch hier ist aber die Auseinandersetzung zwischen Vor- und Nacherbe das interessanteste und schwierigste Problem. Es wurde oben unter A 65 festgestellt, daß grundsätzlich das gesamte Geschäftsergebnis, soweit es auf die Beteiligung entfällt, zunächst den Kapitalanteil vermehrt. Für den Nießbraucher wurde aus der Unveräußerlichkeit und Unteilbarkeit des Kapitalanteils und der Unveräußerlichkeit des Gesamthandmiteigentums an den zugewachsenen Gegenständen abgeleitet, daß dieser Vermögenszuwachs soweit er nicht ausgeschüttet wird, nicht Ertrag des Nießbrauchs sein kann. Bei der Vorerbschaft ergibt sich aus § 2111, daß diese Vermehrung des Kapitalanteils zur Erbschaft gehört, auf welche sich die Nacherbfolge erstreckt und welche der Vorerbe daher dem Nacherben nach Eintritt der Nacherbfolge herauszugeben verpflichtet ist. Veräußerlich ist nur der Anspruch auf eine diesem Zuwachs (Gewinn) aequivalente geldliche Zahlung, soweit der Gesellschaftsvertrag und mangels einer Regelung durch diesen das Gesetz einen solchen Anspruch gewährt (§ 122 HGB.); dieser Anspruch ist denn auch im Verhältnis zum Gesellschafter dem Nießbraucher zugesprochen worden. Bei der Vorerbschaft greifen andere Überlegungen durch. Bei ihr stellt § 2111 BGB. von dem zugunsten des Nacherben geltenden Surrogationsprinzip eine Ausnahme zugunsten des Vorerben insoweit auf, als ein zusätzlicher Vermögenserwerb unter die Nutzungen des bei Eintritt des Erbfalles vorhandenen Stammvermögens fällt. Dagegen kann es auf die Veräußerlichkeit bei der Vorerbschaft für die hier erörterte Frage schon deshalb nicht ankommen, weil ja der Kapitalanteil selbst und der Zuwachs, den er erfährt, während der Dauer der Vorerbschaft dem Vorerben gehört, von einer Veräußerung zwischen Vor- und Nacherben zugunsten des ersteren während der Vorerbschaft also keine Rede sein kann. Dieser Gesichtspunkt kann erst im Augenblick des Eintritts der Nacherbfolge aktuell werden, insofern als die bis dahin (nach Gesetz- oder Gesellschaftsvertrag) nicht auszuschüttenden Gewinne jetzt nicht dem Vorerben zufallen können, weil von nun an hierin in der Tat eine Veräußerung eines Teiles des Kapitalanteiles läge, der ja jetzt dem Nacherben zusteht. Dies schließt aber nicht aus, daß der Vorerbe nach § 2111 schuldrechtlich den Anspruch auf die Ausschüttung behält, wenn man in solchen zwar erzielten, aber nach Gesetz- oder Gesellschaftsvertrag nicht ausgeschütteten Gewinnen Nutzungen zu sehen haben sollte.

Die vom BGB. selbst aufgestellte Legaldefinition (§§ 99, 100 BGB.)

gibt hierüber keinen zuverlässigen Aufschluß. Man kann aber, wie schon früher erwähnt, von dem Begriff der Nutzungen die Vorstellung von etwas Abtrennbaren nicht scheiden. Es können daher unter Nutzungen die Gewinne nur insoweit verstanden werden, als nach Gesetz- oder Gesellschaftsvertrag ein Anspruch auf Ausschüttung besteht; in diesem Umfange sind sie als Nutzungen allerdings auch dann anzusehen, wenn die Ausschüttung unterbleibt. Die Wertansätze einer dem Gesellschaftsvertrag oder Gesetz entsprechenden Bilanz und die dem Gesellschaftsvertrag entsprechenden Rückstellungen oder Rücklagen aus dem von einer solchen Bilanz ausgewiesenen Gewinn kann der Vorerbe also im Verhältnis zum Nacherben nicht bekämpfen; ist aber der auf die zur Erbschaft gehörige Beteiligung entfallende Gewinn, dessen Ausschüttung nach Vertrag oder Gesetz hätte verlangt werden können, nicht ausgeschüttet worden, so verbleibt dem Vorerben der Anspruch auf diese Ausschüttung zu Lasten des Kapitalanteils, wenn er nicht durch Verzicht untergegangen ist, auch nach dem Eintritt der Nacherbfolge.

79. Ist der Vorerbe befreit, so ändert sich an dieser Betrachtung nichts. Durch die Befreiung des Vorerben wird nicht Nutzung, was im Rechtssinne keine Nutzung ist. Er kann nur Entnahmen auch zu Lasten des Kapitalanteils machen, solange die Nacherbfolge nicht eingetreten ist, soferne es der Gesellschaftsvertrag gestattet oder die übrigen Gesellschafter damit einverstanden sind. Sobald sie eingetreten ist, hört diese Möglichkeit von selbst auf. Die Frage, ob ein Zuwachs an Kapitalanteil, der bei Eintritt der Nacherbfolge noch besteht und vom befreiten Vorerben nicht abgehoben ist, dem Vor- oder dem Nacherben gehört, kann daher bei der befreiten Vorerbschaft nicht anders beurteilt werden wie bei der gewöhnlichen Vorerbschaft zugunsten des Nacherben; von diesem Augenblick an gebühren auch dem befreiten Vorerben (oder seinen Erben) nur die während der Vorerbschaft entsprechend Gesetz oder Gesellschaftsvertrag ausgewiesenen und auszuschüttenden, aber trotzdem nicht ausgeschütteten Gewinne, soweit sie auf seine Beteiligung entfallen sind.

Es kann aber der Fall eintreten, daß der befreite Vorerbe den Kapitalanteil durch Entnahmen vermindert und daß später (nach Gesetz oder Vertrag) ausschüttbare Gewinne vorhanden sind, die er nicht abhebt, obwohl ihre Ausschüttung beschlossen worden ist. Ist er nach dem Gesellschaftsvertrag nicht verpflichtet, diese Gewinne (die nach dem Gesetz, wie gezeigt worden ist, zunächst einen Zuwachs an Kapitalanteil bedeuten) dem Kapitalkonto mit Rücksicht auf die vorangegangenen Mehrentnahmen zu belassen, so kann er sie abheben und verbrauchen ungeachtet der vorgängigen Minderung des Kapitalkontos. Beläßt er sie aber auf Kapitalkonto mit der Wirkung, daß dieses sich wieder auffüllt, so hat es dabei sein Bewenden. Der befreite Vorerbe kann freilich während der Dauer der Vorerbschaft neuerdings ohne Rücksicht auf die Nacherben Entnahmen machen, soweit der Vertrag oder die anderen Gesellschafter es gestatten; unterläßt er diese aber, so kann nach Eintritt der Nacherbfolge keine Rede mehr davon sein, daß er oder sein Erbe noch eine solche Entnahme machen könnten oder daß der Betrag der Wiederauffüllung des Kapitalkontos nachträglich noch als Nutzung beansprucht werden könnte. Auch hier ist nicht zu übersehen, daß die Vorerbschaft im Verhältnis zum Nacherben als einheitlicher Zeitraum anzusehen ist. Der befreite Vorerbe braucht nur herauszugeben, was von der Erbschaft im Augenblick der Nacherbfolge noch übrig ist. Hatte er sie abgeschwendet, ist sie aber wieder angewachsen, ohne daß er sie neuerdings abgeschwendet hätte, so ist eben mehr davon übrig geblieben, als unmittelbar nach der Abschwendung vorhanden war; denn der Zuwachs gehört nach dem Surrogationsprinzip zur Erbschaft. Der Fall liegt nicht anders, als wenn er von vornherein weniger abgeschwendet hätte.

80. Das Recht zur festen Entnahme ist nicht anders zu behandeln wie beim Nießbrauch (s. 66), auch wenn sie nicht durch Gewinne gedeckt ist, ist sie Frucht der Erbschaft, die dem Vorerben gebührt.

81. Hat der Vorerbe als persönlich haftender Gesellschafter eine Sondervergütung für seine Tätigkeit, kann sie in Form fester über Handlungsunkostenkonto verbuchter Bezüge, und in Form eines Vorweggewinnanteils, gewährt werden. Auch ein solcher Vorweggewinnanteil desgleichen ein mit der Beteiligung als solcher verbundener erhöhter Gewinnanteil (z. B. der persönlich haftende Gesellschafter hat einen höheren Gewinnanteil als die Kommanditisten), auch dann, wenn etwa gleichzeitig mit der Beteiligung die Verpflichtung zur Tätigkeit im Geschäft verknüpft ist, ist Nutzung nur, soweit er ausgeschüttet wird, oder seine Ausschüttung verlangt werden kann. Denn obwohl der Vorzugsanteil oder erhöhte Gewinnanteil vom Gesellschaftsvertrag mit Rücksicht auf die Tätigkeit des Gesellschafters und seine persönliche Haftung gewährt wird, bleibt er in beiden Fällen ein mit Mitteln der Erbschaft gemachter Erwerb (§ 2111 BGB.), von dem ja auch sonst nicht gesagt ist, daß er nur dann zur Erbschaft gehört, wenn er ohne Aufwand von Arbeit des Vorerben oder seine persönliche Haftung gemacht wird.

82. Denkbar ist auch, daß Gewinn entgegen den Bestimmungen des Gesellschaftsvertrages ausgeschüttet wird. Wenn alle Gesellschafter damit einverstanden sind, so daß der Beschluß unanfechtbar ist, liegt auch in einer solchen Gewinnausschüttung eine Nutzung, welche dem Vorerben gebührt. Denn der Gesellschaftsvertrag regelt das Verhältnis des Vor- und des Nacherben zu den übrigen Gesellschaftern,

denen sie wie eine und dieselbe Person gegenüberstehen, nicht aber ihr Verhältnis untereinander. Letzteres wird davon nur dadurch beeinflußt, daß ein Gewinn, der entsprechend dem Gesellschaftsvertrag nicht ausgeschüttet wird und dessen Ausschüttung nicht verlangt werden kann, wegen des Unterbleibens der Ausschüttung und des Mangels eines Anspruchs auf eine solche keine Nutzung ist. Daraus folgt aber nicht, daß eine Gewinnausschüttung, welche stattfindet, deshalb keine Nutzung sei, weil sie nicht verlangt werden konnte.

83. Entnahmen, sei es nur in Höhe des Gewinnanteils, sei es darüber hinaus, können sich bei Eintritt der Nacherbfolge noch unverbraucht in der Erbschaft vorfinden. Dies ändert m. E., soweit die Entnahme dem Gewinnanteil entsprach, nichts an ihrem Charakter einer Nutzung, die dem Vorerben gebührt (s. 80, 66), so daß dieser sie jetzt noch der Erbschaft entnehmen kann.

84. Ein Verlust ist in allen Fallen von der Substanz der Erbschaft zu tragen, wenn nicht der Vorerbe auf Grund Verschuldens ersatzpflichtig ist. Auch hier gilt, wenn später Gewinn erzielt wird, daß der Anteil am Gewinn trotz des eingetretenen Verlustes am Kapitalanteil nach dem Gesellschaftsvertrag ausschüttbar sein kann und dann als Nutzung dem Vorerben gebührt; wird er aber zur Wiederauffüllung des Kapitalkontos vertragsmäßig oder freiwillig verwendet, so füllt er damit auch die Erbschaft wieder auf, auf welche sich die Nacherbfolge erstreckt.

85. Das Vorstehende ergibt ohne weiteres für den Fall der Auszahlung des Auseinandersetzungsguthabens wegen Ausscheidens, Abwicklung, Geschäftsverkaufs, daß es in voller Höhe zur Erbschaft gehört, auch soweit offene oder stille Rücklagen nun liquide werden, die während der Zeit der Vorerbschaft geschaffen worden sind. Der Vorerbe behält nur seinen Anspruch auf eine Gewinnauszählung, die nach Vertrag oder Beschluß, eventuell Gesetz, noch zu machen, aber vorerst unterblieben war.

Es braucht nicht nochmals betont zu werden, daß der Erblasser selbst alle hier aufgeworfenen Fragen schuldrechtlich letztwillig anders regeln kann.

V. Testamentsvollstreckung.

86. A. Ein weiteres schwieriges Problem ist die

Testamentsvollstreckung in Verbindung mit einem Nießbrauch

oder einer Vorerbschaft, sei es an einem Einzelhandelsgeschäft, sei es an einer Beteiligung.

Hat der Erblasser den Erben mit dem Vermächtnis eines Nießbrauchs an der Erbschaft, zu der ein Einzelhandelsgeschäft gehört, oder an letzterem beschwert und gleichzeitig eine Testamentsvollstrekkung angeordnet, so ist zunächst durch Auslegung des Testaments der eigentliche Wille des Erblassers zu ermitteln.

1. Ein solches Testament läßt die Auslegung zu, daß dem Testamentsvollstrecker lediglich die gesetzliche Aufgabe obliegen soll, das Nießbrauchsvermächtnis auszuführen. Dann liegt ein einfacher Fall vor. Der Testamentsvollstrecker hat dem Bedachten das Handelsgeschäft und alle diesem gewidmeten Sachgüter und Rechte auszuantworten und ihm einen Nießbrauch daran zu bestellen. Für das Verhältnis zwischen Nießbraucher und Erben gilt dann die Darstellung I mit der Maßgabe, daß es weiter Frage der Auslegung ist, ob der Testamentsvollstrecker während des Nießbrauchs und bei Nießbrauchsende die dem Eigentümer (Besteller) gegen den Nießbraucher zustehenden Rechte und Ansprüche im Interesse des Erben auszuüben und zu wahren hat, oder ob seine Aufgabe mit der Ausführung des Vermächtnisses erledigt ist. Einer besonderen Darstellung ist auch ersterenfalls diese Sachlage nicht bedürftig.

87. 2. Der Wille des Erblassers kann aber auch dahin gegangen sein, daß der Testamentsvollstrecker das Geschäft selbst verwalten und führen solle, um gleichzeitig die Rechte und Interessen sowohl des Nießbrauchers als auch des Erben zu wahren.

I. Die Führung eines Handelsgeschäfts durch einen Testamentsvollstrecker im Allgemeinen.

a) Die ständige Rechtsprechung (OLG. Dresden RingKGJ. Bd. 5 S. 217, RGZ. 132 S. 138ff., KG. i. JW. 1936 S. 1138, 1937 S. 2599, HRR. 1939 Nr. 10, OLG. München JFG. 14 S. 428) erklärt es für unzulässig, daß der Testamentsvollstrecker als solcher ins Handelsregister eingetragen werde. Diese Ansicht wird einmal damit begründet, daß sich die Testamentsvollstreckung wegen ihres atypischen, in jedem Einzelfalle vom Willen des Erblassers abhängigen Rechtscharakters nicht zur Eintragung in das Handelsregister eigne, und ferner damit, daß der Testamentsvollstrecker einerseits als solcher nur für den Nachlaß Verbindlichkeiten eingehen und nicht den Erben persönlich verhaften könne, andererseits aber auch selbst für die von ihm als Testamentsvollstrecker eingegangenen Verbindlichkeiten nicht persönlich hafte, so daß also die Fortführung des Handelsgeschäftes durch einen Testamentsvollstrecker als solchen „auf die mit den Bedürfnissen eines geordneten und sicheren Handelsverkehrs völlig unvereinbare Führung eines Handelsgeschäftes mit beschränkter Haftung“ hinauslaufen würde. Dieser Rechtsprechung stimmen zu: Krieger-Lenz, Firma und Handelsregister Anm. 35 zu § 22 HGB., Lenz DNotZ. 1939 S. 322, Groschuff JW. 1939 S. 1362, Bondi JW. 1931 S. 3072 unter Widerruf seiner von einer ganz anderen Grundlage ausgehenden Ausführungen in ZBlfGH. 1926 S. 308ff., Düringer-Hachenburg-Höniger Anm. 5 zu § 22 HGB. Diese herrschende Meinung hält daher die vom Erblasser angeordnete Testamentsvollstrekkung, wenn der Testamentsvollstrecker nicht das Geschäft dem Erben überläßt (§ 2217 BGB.), nur in der Weise für durchführbar, daß der Testamentsvollstrecker nicht als solcher, sondern persönlich als Inhaber des Handelsgeschäftes in das Handelsregister eingetragen wird, unter seiner vollen Verantwortlichkeit gegenüber den Beteiligten nach innen, — vorausgesetzt, daß der Testamentsvollstrecker dazu bereit ist, im Interesse der Beteiligten eine persönliche Haftung zu übernehmen; denn läßt er sich als Inhaber in das Handelsregister eintragen, so kann er zwar seine Haftung für die vor dem Erbfall begründeten Verbindlichkeiten nach §§ 27, 25 HGB. ausschließen (KG. in HRR. 1939 Nr. 10, zustimmend Lenz a.a.O.), aber nicht die Haftung für die von ihm selbst eingegangenen Geschäftsschulden. Er ist nach KG. in JW. 1939 S. 293 in diesem Falle Kaufmann (A.A. Groschuff Anm. daselbst und JW. 1934 S. 3078, 1939 S. 1362, wie das KG. Lenz a.a.O.).

88. b) Der als Geschäftsinhaber eingetragene Testamentsvollstrecker kann zwar kraft seines Amtes gemäß § 2205 BGB. über die Nachlaßgegenstände verfügen, aber er wird trotz seiner Eintragung nicht ihr Eigentümer. Das KG. äußert sich HRR. 1939 Nr. 10 (Sp. 3 der Entscheidung unten) zweifelnd, ob der Testamentsvollstrecker oder der Erbe Eigentümer eines durch den Betrieb des Handelsgeschäftes neu erworbenen Gegenstandes wird. Dieser Zweifel scheint mir nicht begründet. Mit Recht erklärt RGZ. 138 S. 132 auch für die Testamentsvollstreckung § 2041 BGB. für anwendbar. Danach gehört zum Nachlaß, was durch ein Rechtsgeschäft erworben wird, das sich auf den Nachlaß bezieht. Die Bestimmung ist daher auch hier anwendbar, weil der Testamentsvollstrecker, wenn auch nicht als solcher, sondern persönlich, so doch nur auf Grund seines Amtes im Handelsregister als Inhaber des Geschäftes einzutragen ist. Dasselbe gilt von den Forderungen. Es wäre auch unerträglich, wenn innerhalb des Handelsgeschäftes zwei verschiedene Vermögensmassen entstünden, von denen eine dem Erben, die andere dem Testamentsvollstrecker gehört. Und wie wäre es, wenn mehrere Testamentsvollstrecker bestellt sind? Es ist nicht denkbar, daß in einem solchen Falle neu erworbene Gegenstände Gesamthandeigentum oder Miteigentum der Testamentsvollstrecker werden sollen oder gar, daß, wenn der Erblasser jedem die Einzelführung des Amtes gestattet hat (§ 2225 BGB.) der Neuerwerb

teils in das Eigentum des einen Testamentsvollstreckers, teils in das des anderen fällt, je nachdem, welcher von ihnen den Erwerb getätigt hat, so daß man es mit mehreren Eigentumsmassen zu tun hätte, die gar nicht voneinander unterschieden werden könnten. Gegenüber einem solchen Zustande wäre das „Handelsgeschäft mit beschränkter Haftung" das weitaus kleinere und für den Verkehr erträglichere Übel.

89. c) Daraus, daß nach dem Gesagten der Testamentsvollstrecker trotz seiner Eintragung als Inhaber nicht Eigentümer der dem Geschäft gewidmeten Gegenstände wird, leitet das KG. a.a.O. ab, daß den Gläubigern der von ihm eingegangenen Verbindlichkeiten das Geschäftsvermögen nicht hafte, auch nicht, soweit es aus Gegenständen besteht, die der Testamentsvollstrecker selbst erworben hat, sofern er bei Eingehung der Verbindlichkeit die ihm als Testamentsvollstrekker gezogenen Grenzen überschritten hat. Der Testamentsvollstrecker kann als solcher Verbindlichkeiten, welche nicht in der Verpflichtung zur Verfügung über einen Nachlaßgegenstand bestehen, nur eingehen, wenn dies zur ordnungsmäßigen Verwaltung des Nachlasses erforderlich ist (§ 2206 BGB.) — es sei denn, daß der Erblasser angeordnet hat, daß der Testamentsvollstrecker in der Eingehung von Verbindlichkeiten für den Nachlaß nicht beschränkt sein solle —. Mit dieser Meinung stellt das KG. offensichtlich auf den Schutz des Erben ab. Dieser soll dadurch, daß der Testamentsvollstrecker als Inhaber eingetragen wird, nicht mehr beschwert werden, als er eben durch die Anordnung einer Testamentsvollstreckung nach den Vorschriften des BGB. beschwert ist. (Die Meinung ist nicht ganz folgerichtig, weil das KG. auch die Eintragung des Testamentsvollstreckers mit dem Willen des Erblassers begründet und von dieser Begründung aus wohl auch anzunehmen wäre, daß der Erblasser den Testamentsvollstrecker bei der Eingehung von Verbindlichkeiten für den Nachlaß aus der Führung des Handelsgeschäftes von jeder Beschränkung frei wissen wollte.) Nach dieser Meinung des KG. würde der Nachlaß für solche Verbindlichkeiten nicht haften, welche der Testamentsvollstrecker unter Überschreitung seiner Befugnisse eingegangen ist. Da aber die Rechtsprechung es gerade vom Standpunkt des Verkehrs aus als notwendig ansieht, den Testamentsvollstrecker als Inhaber einzutragen, ist die Meinung des KG. auch hierin nicht folgerichtig. Wenn der Testamentsvollstrecker nicht als solcher, sondern ohne jeden Hinweis auf die Testamentsvollstreckung als Geschäftsinhaber eingetragen wird, erfordert die Verkehrssicherheit erst recht, daß der Fall nach außen in jeder Hinsicht so behandelt wird, als ob der als Inhaber eingetragene Testamentsvollstrecker es auch wirklich wäre. Andernfalls wäre der Verkehrssicherheit mit dem zu ihren Gunsten eingenommenen Standpunkt der Rechtsprechung, daß der Testamentsvollstrecker als

solcher nicht eingetragen werden könne, schlecht gedient. Es käme wieder darauf an, was im Einzelfall der Erblasser angeordnet, ob er den Testamentsvollstrecker von der Beschränkung befreit hat, ohne daß der Verkehr dies wissen kann. Besser Handelsgeschäft mit beschränkter Haftung als eine persönliche Haftung des — vielleicht vermögenslosen — Testamentsvollstreckers ohne Haftung des Geschäftes, in welchem ja praktisch doch gewöhnlich das ganze Vermögen des Kaufmanns oder sein weitaus überwiegender Teil enthalten, jedenfalls die Kreditgrundlage zu sehen ist. Es ist daher anzunehmen, daß der Nachlaß ausnahmslos für alle von dem Testamentsvollstrecker unter der Firma eingegangene Verpflichtungen unbedingt haftet, auch ohne daß diese unbedingte Haftung auf das Handelsvermögen beschränkt werden könnte, weil dieses nicht ein- für allemal gebunden ist und Vermögensverschiebungen innerhalb der Nachlaßmassen möglich sind und nicht verhindert werden können, wenn nicht etwa die getrennten Massen von verschiedenen Testamentsvollstreckern verwaltet werden.

90. Das Geschäft wird auch, wenn der Testamentsvollstrecker sich als Inhaber eintragen läßt, wie schon erwähnt, für Rechnung der Erbschaft geführt. Ein Gewinn kommt also ihr zustatten. Ebenso hat sie den Verlust zu tragen, für welchen der Testamentsvollstrecker nur haftet, wenn ihn ein Verschulden trifft. Die Erbschaft hat ihn daher auch intern von der Haftung für Verbindlichkeiten freizuhalten. Hier ist es — intern — denkbar, davon solche Verbindlichkeiten auszuschließen, durch deren Eingehung der Testamentsvollstrecker seine Befugnisse überschritten hat. Diese Verpflichtung beschränkt sich auf die Mittel der Erbschaft, so daß der Testamentsvollstrecker die Gefahr trägt, nach ihrer Aufzehrung aus seiner Haftung ersatzlos in Anspruch genommen zu werden.

91. Endigt das Amt des Testamentsvollstreckers — durch Zeitablauf, Tod, Absetzung, Niederlegung — so ist er verpflichtet, das Geschäft an den Erben herauszugeben und zu seiner Löschung als Inhaber im Handelsregister mitzuwirken (KG. in HRR. 1939 Nr. 10). Die von ihm erteilten Vollmachten oder Prokuren bleiben bestehen (so mit Recht Westendieck ZBl. GH. 1927 S. 112 gegen Bondi ebenda 1926 S. 308 ff.).

92. Rechtsprechung und Schrifttum haben sich, soviel ich sehe, bis jetzt nicht mit der Frage befaßt, wer nach Beendigung des Amtes und Übergabe des Geschäftes an den Erben für die Geschäftsverbindlichkeiten haftet. Bis dahin haftete für die vom Erblasser eingegangenen Verpflichtungen (Hypotheken, Bankkredite — die anderen Geschäftsschulden, die vom Erblasser herrühren, werden in diesem Zeitpunkt wohl schon erfüllt sein), nur der Nachlaß, wenn der TV. seine Haftung

ausgeschlossen hatte, für die vom TV. eingegangenen Verbindlichkeiten nach der geschilderten Rechtsprechung der Testamentsvollstrecker persönlich und außerdem der Erbe mit dem Nachlaß — aber nur, wenn die Verpflichtung im Rahmen ordnungsmäßiger Nachlaßverwaltung eingegangen wurde oder der Erblasser den TV. von dieser Beschränkung befreit hatte. Wie haftet der Erbe, wenn er das Geschäft nach Beendigung der TV. fortführt. Zweifellos haftet er für die noch vom Erblasser herrührenden Verpflichtungen und zwar mit der Erbschaft in jedem Falle und von jetzt ab persönlich, wenn er die Firma fortführt, es sei denn, daß er die persönliche Haftung durch Eintragung ins Handelsregister und Bekanntmachung (bekannte Streitfrage!) oder durch Sondermitteilung an den Gläubiger ausschließt. Für die Verpflichtungen, welche der unbefreite TV. unter Überschreitung seiner Befugnisse eingegangen ist, haftete bisher der Nachlaß, auch das Geschäft nach vorerwähnter Rechtsprechung nicht. Wenn der Erbe die Firma nicht fortführt, hat es wohl dabei sein Bewenden, daß er für diese überhaupt nicht, auch nicht mit der Erbschaft haftet, ebenso, daß er für die andern nur mit der Erbschaft haftet. In diesem Fall unterliegt die Haftung des TV. nur der regulären Verjährung (? § 26 HGB. ist nicht unmittelbar anwendbar; die „entsprechende" Anwendung begegnet der Schwierigkeit, daß dort für die abgekürzte Verjährung gegen den Veräußerer die unbeschränkte Haftung des neuen Inhabers vorausgesetzt wird). Wie aber, wenn der Erbe die Firma fortführt? Es ist kein Grund ersichtlich, warum der Erbe für die unter der Firma vom TV. eingegangenen Verbindlichkeiten, für welche er bisher gar nicht oder nur mit dem Nachlaß (Geschäftsvermögen) haftbar war, nunmehr unbeschränkt haften sollte. Wäre dem so, so würde auch der von Gesetz oder Rechtsprechung dem Erben zugedachte Schutz versagen, wenn er seiner nur teilhaftig werden kann, indem er auf eine wertvolle Firma verzichtet. Gegen den TV. läuft die reguläre Verjährung. Nimmt man entgegen der vorstehenden Meinung unbeschränkte Haftung des Erben für die vom TV. herrührenden Verpflichtungen an, wenn er die Firma fortführt, so wird man ihm den Ausschluß seiner unbeschränkten Haftung in entsprechender Anwendung des § 27 HGB. durch Eintragung ins Handelsregister und Bekanntmachung oder durch Sondermitteilung gemäß § 25 Abs. 2 HGB. (oder durch nachträgliche Einstellung des Handelsgeschäftes nach § 27 Abs. 2 HGB.) gestatten müssen. Bezüglich der Haftung des TV. wird anzunehmen sein, daß sie sich nach § 26 HGB. auf längstens 5 Jahre abkürzt, wenn der Erbe unbeschränkt haftet, ohne seine unbeschränkte Haftung durch Einstellung des Handelsgeschäftes binnen drei Monaten rückgängig zu machen. Soweit die Verpflichtung ohne Überschreitung der Befugnisse des Testamentsvollstreckers eingegangen wurde, ist der Erbe verpflichtet, den TV. von der Haftung zu befreien, haftet aber ihm gegenüber nur mit der Erbschaft, auch wenn er die Firma fortführt.

93. Rechtsprechung und Schrifttum haben sich bis jetzt auch noch nicht mit der Lage befaßt, welche eintritt, wenn mehrere Testamentsvollstrecker ernannt sind und alle das Geschäft weiterführen. Für die Richtigkeit der herrschenden Meinung ist es nach meiner Ansicht die Probe auf das Exempel, ob man in diesem Falle eine offene Handelsgesellschaft unter den mehreren Testamentsvollstreckern anzunehmen hat. Was soll für ihr Verhältnis untereinander gelten, insbesondere was die Geschäftsführung und die Vertretung nach außen hin betrifft? Ein von ihnen abzuschließender Gesellschaftsvertrag oder das Testament, wenn es Bestimmungen darüber enthält, oder das Gesetz? Das HGB. oder das BGB.? Das BGB. läßt dem Testament den Vortritt; wenn es nichts bestimmt, führen die mehreren Testamentsvollstrecker das Amt gemeinschaftlich. Soll also dann immer notwendig sein, daß sie bei jedem Rechtsgeschäft gemeinschaftlich handeln und daß bei Meinungsverschiedenheiten das in kaufmännischen Dingen sicher wenig bewanderte Nachlaßgericht entscheidet? Oder soll, wenn man das HGB. anwendet, es den Testamentsvollstreckern gestattet sein, jeder für sich allein zu handeln, obwohl der Erblasser mehrere Testamentsvollstrecker bestimmt hat? Besteht die Möglichkeit zu bestimmen, daß ein Testamentsvollstrecker zusammen mit einem Prokuristen handeln kann? Dies kann nur durch Gesellschaftsvertrag bestimmt werden; womit ist aber eine Befugnis der Testamentsvollstrecker zu begründen, die Bestimmungen des Testaments durch Vertrag abzuändern? Sollen die Testamentsvollstrecker wirklich darauf angewiesen sein, in Übereinstimmung mit den Bestimmungen des Testaments gemeinsam zu handeln und können sie gemeinsam einen Einzelprokuristen oder mehrere Gesamtprokuristen bestellen, ohne daß einer von ihnen mit einem Prokuristen zusammen handeln könnte? Soll, wenn jeder TV. für sich allein handeln kann, ein TV. für Verbindlichkeiten persönlich haften, die ein andrer TV. eingegangen ist?

II. 94. Ich komme zum eigentlichen Gegenstand dieser Abhandlung zurück. Ist es vereinbar, daß in einem Testament ein echter Nießbrauch und eine Testamentsvollstreckung angeordnet ist, in der Weise, daß der Testamentsvollstrecker selbst das Geschäft verwaltet? Ich glaube, man wird diese Frage regelmäßig bestimmt verneinen müssen, zunächst vom Standpunkt der herrschenden Meinung aus, daß der Testamentsvollstrecker, wenn er das Geschäft selbst führen will, sich selbst als Inhaber eintragen lassen und es in eigenem Namen führen muß; denn letzteres gilt auch vom echten Nießbraucher, und beides schließt sich aus. Aber auch, wenn man die Unumstößlichkeit dieser herrschenden Meinung bezweifelt, ergibt sich, daß nicht beide, Nießbraucher und Testamentsvollstrecker, den Besitz des Geschäftes inne haben und nicht beide das Geschaft fuhren können, ersterer im eigenen Namen, letzterer als Testamentsvollstrecker als solcher. Es ist also regelmäßig nichts anderes denkbar, als entweder daß der Testamentsvollstrecker das Nießbrauchvermächtnis ausfuhrt, dem Nießbraucher den Besitz und die Geschäftsfuhrung im eigenen Namen überlaßt und sich darauf beschränkt, die Rechte auszuüben, welche dem Besteller gegenüber dem Nießbraucher zustehen — es liegen dann keine weiteren Besonderheiten vor, so daß auf die Darstellung unter I. verwiesen werden kann — oder daß der Testamentsvollstrecker gemäß 87 bis 93 das Geschäft im eigenen Namen führt, aber schuldrechtlich zwischen Erben und Nießbraucher die unter I. entwickelten Ergebnisse gelten, insbesondere der Nießbraucher nach Maßgabe jener Ausführungen den Gewinn erhält und den Verlust zu tragen hat.

95. Vorstellbar ist auch, daß der Erblasser den Nießbraucher selbst zum alleinigen Testamentsvollstrecker ernannt hat. Dies wird vom erbrechtlichen Schrifttum (Staudinger Anm. III 2f. zu § 2197 BGB.) als zulässig angesehen, während dieses (Staudinger ebenda KRR. Anm. 1, Planck Anm. 5 zu § 2197, Strohal § 40 Nr. 13, Dernburg BR. Bd. 5 § 136 Note 8 gegen Cosack II 2 § 167 Nr. II) und die Rechtsprechung (s. die Angaben an den angeführten Literaturstellen) es nicht für statthaft ansehen, daß der alleinige Erbe oder Vorerbe zum Testamentsvollstrecker ernannt wird; denn die Anordnung einer Testamentsvollstreckung müsse eine Beschwerung des Erben sein (§ 2306 BGB.), was voraussetze, daß eine dritte Person gegen den Erben den Willen des Erblassers durchzufuhren helfe; wenn der alleinige Erbe der alleinige Testamentsvollstrecker sei, sei diese Voraussetzung nicht erfüllt. Wohl aber ist es eine Beschwerung des Erben in dem angegebenen Sinne, wenn der Vermächtnisnehmer (Nießbraucher) zugleich Testamentsvollstrecker ist und als solcher ohne Rucksicht auf den Willen des Erben den Willen des Erblassers durch Erfüllung des Vermächtnisses durchfuhrt. (RGZ. 77 S. 178 führt als weiteren Grund gegen die Moglichkeit, daß der alleinige Vorerbe alleiniger Testamentsvollstrecker sein konne, freilich auch den schroffen Interessenwiderstreit an, in den er gerät, wenn man sich ihn als Testamentsvollstrecker auch berufen zur Wahrung der Interessen des Nacherben denkt; dieser Gesichtspunkt mußte folgerichtig auch die Unmöglichkeit ergeben, daß der Nießbraucher alleiniger Testamentsvollstrecker wird und als solcher die Interessen des Erben zu wahren hat.)

Nimmt man trotzdem mit dem angegebenen Schrifttum an, daß der Nießbraucher alleiniger Testamentsvollstrecker sein könne, so führt er doch das Geschäft in seiner Eigenschaft als Nießbraucher. (Ganz selbstverständlich und deutlich ist dies, wenn daneben noch ein weiterer Testamentsvollstrecker bestellt ist). Denn die Sachlage kann in dieser Hinsicht keine andere sein, als wenn ein dritter Testamentsvollstrecker wäre. In seiner Eigenschaft als Nießbraucher steht ihm der Gewinn zu und haftet er für den Verlust ohne Rücksicht auf Verschulden. Das Nießbrauchverhältnis bliebe unausgeführt, wenn er sich nur mit Rücksicht auf sein Amt nach außen als Inhaber des Geschäftes eintragen ließe und es für Rechnung des Erben führen würde, sowohl was Verlust, aber auch was Gewinn betrifft. Würde er es als Testamentsvollstrecker im eigenen Namen und für eigene Rechnung führen, so würde sich ergeben, daß er nicht Eigentümer des Umlaufvermögens wird, und nicht verpflichtet wäre, bei Beendigung des Nießbrauchs, wenn diese mit der Beendigung des Testamentsvollstreckeramtes zusammen fallen würde, dessen Wert zu erstatten. Es würde dann an einer Grundlage dafür fehlen, daß er den Verlust zu tragen hat. Es würde einseitig die Gewinnaussichten wahrnehmen und das Nießbrauchvermächtnis des Erblassers eigenmächtig umändern in ein Vermächtnis des Reingewinns.

Der Nießbraucher, der als Testamentsvollstrecker gleichzeitig tätig ist, hat als solcher trotz des vorliegenden Interessenkonflikts auch die Interessen des Erben zu wahren; wahrt er sie nicht, so kann er auf Antrag des Erben als Testamentsvollstrecker abgerufen werden.

96. 3. Häufig wird eine kombinierte Anordnung von Testamentsvollstreckung und Nießbrauch dahin zu verstehen sein, daß dem Bedachten nur der Reingewinn zufließen solle. Auch über ein solches Reingewinnvermächtnis ist oben unter I G 34 bereits Näheres aufgeführt. Was Reingewinn ist, wird hier der pflichtmäßigen Bestimmung des geschäftsführenden Testamentsvollstreckers zu unterstellen sein, der allen Beteiligten für die gewissenhafte Amtsführung haftet. Unter I G 34 ist hervorgehoben worden, daß der Erblasser den Reingewinn einem Dritten insoweit nicht zuwenden könne, als er das Ergebnis der Tätigkeit des Erben und seiner Haftung sei. Der Erbe habe also in summa äußerst zu bezahlen, den Substanzwert zur Zeit des Erbfalles vermehrt um den jährlich erzielbaren Pachtzins abzüglich der Pflichtteilslast. In dem hier unterstellten — sicher seltenen Fall, daß der Testamentsvollstrecker das Geschäft im eigenen Namen für Rechnung der Beteiligten führt, liegt die Sache besonders. Der Reingewinn ist hier nicht zum Teil Ergebnis der Tätigkeit und Haftung des Erben, sondern der Tätigkeit und Haftung des Testamentsvollstreckers. Freilich wird dieser wohl regelmäßig eine beidem äquivalente Vergütung beziehen (§ 2221 BGB.), welche den Reingewinn mindert. Von der

Haftung hat ihn die Erbschaft freizuhalten, aber nur mit ihren Kräften, nicht der Erbe persönlich. Diese Freihaltung von der Haftung, welche sich auf den Nachlaß beschränkt, kann gegenüber dem Vermächtnisnehmer nicht besonders geltend gemacht werden, um die Zahlungen an ihn wegen Erschöpfung des Nachlasses zu beenden; denn macht sie sich geltend, tritt sie als Verlust auf, welcher eben die Nachlaßsubstanz mindert, deren gänzlicher Verlust ohnedies selbstverständlich dazu führt, daß dem Vermächtnisnehmer ein weiterer Gewinn nicht mehr ausgezahlt werden kann. Dieser ist also in einem solchen Fall, wenn sich der Testamentsvollstrecker bereit (bzw. ein dazu bereiter Testamentsvollstrecker) findet, das Geschäft im eigenen Namen unter eigener Haftung zu führen, immer Nutznießer der Bereitwilligkeit des letzteren, die Haftung zu übernehmen und das Risiko zu tragen, daß die Substanz des Nachlasses einmal nicht mehr ausreichen wird, um ihn von seiner Haftung zu befreien.

B. Testamentsvollstreckung in Verbindung mit Nacherbfolge.

97. Wird eine Testamentsvollstreckung in Verbindung mit einer Nacherbfolge angeordnet, so kann der Testamentsvollstrecker zu dem Zwecke ernannt sein, bis zum Eintritt der Nacherbfolge die Rechte des Nacherben auszuüben und seine Pflichten zu erfüllen (§ 2222 BGB.). Dieser Fall interessiert hier nicht. Zu betrachten ist hier nur der Fall, daß der Erblasser mit der Anordnung der Nacherbfolge den Zweck verfolgt hat, während der Vorerbschaft die Interessen des Nacherben dadurch zu sichern, daß er den Testamentsvollstrecker mit der Verwaltung des Nachlasses bis zum Eintritt der Nacherbfolge betraut hat. Der Fall liegt wesentlich gleich mit dem unter 2. (87 ff.) daß ein Testamentsvollstrecker zur Verwaltung des Nachlasses ernannt ist, ohne, daß eine Nacherbfolge angeordnet ist. Hier wie dort kann der Testamentsvollstrecker — im Konsequenz der herrschenden Anschauung — das zum Nachlaß gehörende Handelsgeschäft nur führen, indem er sich als dessen Inhaber eintragen läßt. Will er dies nicht, so muß er die Verwaltung dem Vorerben überlassen. Letzterenfalls wird für ihn die Aufgabe nach § 2222 BGB. übrig bleiben, die Rechte und Pflichten des Nacherben gegenüber dem Vorerben wahrzunehmen. Ersterenfalls ändert sich durch die Tatsache, daß eine Nacherbfolge angeordnet ist, an seiner Stelle und seinen Verpflichtungen, wie unter 2. (S. 108 ff.) dargestellt, nichts, nur daß er auch dem Nacherben verantwortlich ist und die Erbschaft an diesen herauszugeben hat. Der Zustimmung des Nacherben als solchen zu Verwaltungshandlungen oder Verfügungen bedarf er als Testamentsvollstrecker niemals. Auch an dem schuldrechtlichen Verhältnis zwischen Vor- und Nach-

erben ändert sich nichts dadurch, daß eine Testamentsvollstreckung besteht. Das Maß dessen, was dem Vorerben als Nutzung gebührt, ist das gleiche wie in jedem anderen Fall der Anordnung eine Nacherbfolge. Es gehört zum Amt und zu den Aufgaben des Testamentsvollstreckers, diese Ansprüche des Vorerben zu erfüllen. Endigt die Testamentsvollstreckung mit dem Eintritt der Nacherbfolge, mag es zweifelhaft sein, ob der Testamentsvollstrecker die Ansprüche des Vorerben, wenn sie noch nicht erfüllt sind, zu erfüllen hat, bevor er den Nachlaß an den Nacherben herausgibt, und ob zu diesem Zwecke das Amt des Testamentsvollstreckers trotz des Eintritts der Nacherbfolge fortbesteht, bis der Testamentsvollstrecker auch diese letzte Aufgabe erfüllt hat. Es kommt hier auf die Auslegung des Testamentes an. Regelmäßig wird wohl der Wille des Erblassers vorhanden gewesen sein, daß der Testamentsvollstrecker das Geschäft auch auf den Nacherben überleitet und die Ansprüche des Vorerben vorher alle befriedigen soll.

C. Testamentsvollstreckung und Beteiligung.

98. Gehört zum Nachlaß die Beteiligung an einem Handelsgeschäft und ist Testamentsvollstreckung angeordnet, so ist zwischen den Mitgliedsrechten herrschaftlicher Natur und den vermögensrechtlichen Mitgliedsrechten zu unterscheiden. Regelmäßig gehen, wenn der Erblasser persönlich haftender Gesellschafter gewesen ist, die ersteren durch seinen Tod unter. Zu seinem Nachlaß gehört dann das Auseinandersetzungsguthaben, sei es, daß die Gesellschaft durch seinen Tod aufgelöst wird, sei es, daß seine Erben ausscheiden. Dieser Anspruch auf das Auseinandersetzungsguthaben untersteht der Verwaltung des Testamentsvollstreckers; es ist an ihn auszuzahlen und, je nach den Bestimmungen des Testaments, von ihm neu anzulegen oder an den oder die Erben auszufolgen. Wird die Gesellschaft durch den Tod des Erblassers aufgelöst, so wird der Testamentsvollstrecker — vorbehaltlich der Bestimmungen des Gesellschaftsvertrages — Liquidator an Stelle des Erben, welcher ohne Anordnung einer Testamentsvollstreckung nach § 146 Abs. 1 Satz 1 zum Liquidator berufen wäre. Denn dabei handelt es sich schon um deswillen nicht um die Ausübung eines Mitgliedsrechtes herrschaftlicher Natur, weil ja der Erbe als solcher nicht Mitglied der offenen Handelsgesellschaft ist; es ist ihm vielmehr das Recht, an der Abwicklung mitzuwirken, um seiner vermögensrechtlichen Belange willen belassen. (Bondi a.a.O. Flechtheim in Düringer-Hachenburg Anm. 6 zu § 146.)

99. Wird aber die Gesellschaft mit dem Erben des verstorbenen Gesellschafters fortgesetzt, so erwirbt der Erbe eine eigene Mitgliedschaft, er setzt nicht die Mitgliedschaft des Erblassers fort, die viel-

mehr durch seinen Tod erloschen ist und daher nicht zum Nachlaß gehört, welcher der Verwaltung des Testamentsvollstreckers unterliegt. (Vgl. meine Ausführungen in Wirtschaftsblatt usw. 1939 S. 610, jetzt auch RG. II 103/43 v. 10. Jan. 1947, s. u., auch Hueck, Das Recht der OHG. S. 230, wo ausgeführt ist, daß der Erbe nicht grundsätzlich dieselbe Rechtsstellung hinsichtlich Geschäftsführung und Vertretung erlangt, die der Erblasser hatte; a. A. Würdinger, Recht der Personalgesellschaften S. 135 d.) Schon aus diesem Grunde kann der Testamentsvollstrecker sich an der Geschäftsfuhrung und Vertretung der Gesellschaft nicht beteiligen (auch nicht etwa, wie bei der Einzelfirma nach den Ausführungen unter A I a Nr. 87 ff., nach außen die Beteiligung und Mitgliedschaft selbst übernehmen, da sie eben überhaupt nicht in seinen Herrschaftsbereich fällt). Auch wer meint, daß in einem solchen Falle die Mitgliedschaft des Verstorbenen sich vererbe und in der Person des oder der Erben fortsetze, schließt den Testamentsvollstrecker von der Ausubung der Mitgliedsrechte aus. Die Macht des Testamentsvollstreckers scheitere an dem stärkeren Rechte der Gesellschaft (Flechtheim Anm. 12 zu § 139 HGB.). Die Begründung ist nach meinem Gefühl von dieser Meinung aus nicht zwingend. Denn die uberlebenden Gesellschafter können, wenn der Gesellschaftsvertrag uneingeschränkt die Fortsetzung der Gesellschaft mit den Erben vorsieht, nicht hindern, daß ein ihnen gänzlich unbekannter Testamentserbe Gesellschafter wird. Warum sollte von der gesellschaftsrechtlichen Betrachtung aus der verstorbene Gesellschafter letztwillig die Ausubung der Mitgliedsrechte den von ihm berufenen Erben nicht nehmen und einer anderen Personlichkeit, einem Testamentsvollstrecker übertragen konnen? Folgerichtig müßte die Meinung, daß trotz Vererbung der Mitgliedschaft die Macht des Testamentsvollstreckers bloß an dem stärkeren Rechte der Gesellschaft scheitere, dazu führen, daß jedenfalls durch Gesellschaftsvertrag dem Erblasser das Recht eingeräumt werden kann, die Testamentsvollstrekkung auch auf die Ausubung der Mitgliedsrechte auszudehnen. Nach der hier vertretenen Ansicht, daß auch dann, wenn vertragsmäßig die Gesellschaft mit den Erben fortgesetzt wird, die Mitgliedschaft nicht vererbt wird, ist hingegen eine solche Vertragsbestimmung unwirksam, weil die Macht des Testamentsvollstreckers weder durch den Gesellschaftsvertrag noch durch das Testament auf ein Recht erstreckt werden kann, welches nicht zum Nachlaß gehört.

Nach demselben Gesichtspunkt ist die Frage zu lösen, ob ein Gesellschafter, mit dessen Erben die Gesellschaft fortgesetzt werden soll, einen Mitgesellschafter zum Testamentsvollstrecker (vgl. Marcus Hold-MSchr. 1905 S. 282) mit der Wirkung ernennen kann, daß dieser die Erben von der Vertretung und Geschäftsführung ausschließt. Dies scheint mir aus demselben Grunde nicht möglich zu sein; die Zuständigkeit eines Mitgesellschafters als Testamentsvollstreckers beschränkt sich auf die Verwaltung des Kapitalanteils und der Gewinnbeteiligung und erstreckt sich nicht auf die Ausübung der Mitgliedsrechte. Allerdings ist kein durchschlagender Grund zu erkennen, warum nicht im Gesellschaftsvertrag sollte bestimmt werden konnen, daß der Erbe von der Vertretung und Geschäftsfuhrung ausgeschlossen sei. Dann hat der zum Testamentsvollstrecker ernannte Mitgesellschafter, wenn er der einzige Mitgesellschafter war, die Geschäftsführungs- und Vertretungsbefugnis allein, aber nicht auf Grund des Testamentsvollstreckerrechtes, sondern auf Grund des Gesellschaftsvertrages, woneben er die oben bezeichneten Vermögensrechte verwaltet; die Erben aber bleiben zu denjenigen Handlungen und Willenserklärungen berufen, welche auch einen von der Geschäftsfuhrung und Vertretung ausgeschlossenen Gesellschafter vorbehalten sind. Das Ausgefuhrte wird m. E. auch dem Gesichtspunkt gerecht, daß die Erben personlich haften und deshalb auch in diesem Falle nicht durch einen Testamentsvollstrecker und sei dies auch ein Mitgesellschafter, von jeder Teilnahme an der Geschäftsfuhrung ausgeschlossen werden konnen.

Nach RG. II 103/43 vom 10. 1. 44 soll aber der Erblasser durch Verfügung von Todes wegen dem (Vor)Erben zur Auflage gemaß § 1940 BGB. machen konnen, daß letzterer auch die nicht zur Erbschaft gehorigen höchstpersonlichen Gesellschafterrechte durch einen (Mitgesellschafter als) Testamentsvollstrecker ausuben lassen muß, und der Verwirklichung dieser Auflage, falls die übrigen Gesellschafter mit ihrer Erfullung einverstanden sind, an und für sich nichts im Wege stehen; gemaß § 2194 BGB. in Verbindung mit § 2208 BGB. sei der Testamentsvollstrecker auch fur befugt zu erachten, von dem (Vor)Erben die Vollziehung der Auflage zu verlangen. Aber wie kann die Vertretungsmacht des Erben — Mitgesellschafters als gesetzlichen Vertreters der Gesellschaft einem Dritten (Testamentsvollstrecker) zur Ausübung uberlassen werden?

100. Auch das Recht des Erben, gemäß § 139 HGB. die Umwandlung seiner Beteiligung in eine Kommanditbeteiligung zu verlangen, kann nur der Erbe selbst und nicht etwa der Testamentsvollstrecker ausüben (A. A. Bondi). Durch dieses Recht sollte der Erbe der Notwendigkeit enthoben werden, die Erbschaft auszuschlagen, wenn er die persönliche Haftung nicht tragen will. Wie die Ausschlagung der Erbschaft Sache des Erben und nicht des Testamentsvollstreckers gewesen wäre, so handelt es sich um die Abwendung seiner persönlichen Haftung, die gleichfalls nicht Sache des Testamentsvollstreckers ist. Wäre die Ansicht richtig, daß es der Testamentsvollstrecker ist,

welcher die Rechte aus § 139 HGB. auszuüben hat, so würde er durch die Nichtausübung der Rechte innerhalb der in Abs. 3 vorgesehenen Frist (von der Kenntnis wessen an, würde sie laufen? Von der Kenntnis des Testamentsvollstreckers an, oder wie das Gesetz sagt, von der des Erben?) dem Erben die persönliche Haftung gegen seinen Willen aufbürden können. Dies ist unannehmbar. Aus demselben Grunde muß der Erbe das Verlangen auch stellen können, ohne auch nur an die Zustimmung des Testamentsvollstreckers gebunden zu sein. Auch daß der Testamentsvollstrecker gegen den Willen der Erben die Umwandlung der Beteiligung in eine Kommanditbeteiligung verlangen und damit die persönliche Haftung von den Erben abwehren könnte, kann nicht zutreffen. Denn damit würde er in das nicht zum Nachlaß gehörige Mitgliedsrecht entscheidend eingreifen. Es hat auch der Testamentsvollstrecker als solcher, hat der von ihm verwaltete Nachlaß daran kein Interesse. Die persönliche Haftung des Erben hat nichts mit dem Nachlaß zu tun. Der Testamentsvollstrecker ist nicht Vormund des Erben. (Vgl. hiezu auch 102.)

101. Ist der Testamentsvollstrecker von der Ausübung der Mitgliedsrechte schon ausgeschlossen, wenn die Gesellschaft mit dem Erben fortgesetzt wird, so gilt dies erst recht, wenn im Gesellschaftsvertrag bestimmt ist, daß nach dem Tode des Erblassers die Gesellschaft mit einem Dritten, wenn auch mit einer dem Erblasser nahestehenden Person, unabhängig von ihrem Erbrecht fortgesetzt werden soll, sei es, daß sie schon im Vertrag bestimmt wird, sei es, daß dem Erblasser überlassen ist, sie durch letztwillige Verfügung zu bestimmen. In der vermögensrechtlichen Hinsicht kann und wird regelmäßig hier innerhalb des Gesellschaftsvertrags ein Vertrag zugunsten eines Dritten vorliegen, des Inhalts, daß der Dritte Gesellschafter werden kann und daß für den Fall, daß er es wird, der durch den Tod des Gesellschafters entstehende Anspruch auf Auszahlung des Auseinandersetzungsguthabens unmittelbar von dem Dritten erworben werden soll. Er gehört dann nicht zum Nachlaß und geht den Testamentsvollstrecker nichts an. Es kann aber auch sein, daß der Erblasser seinerseits die vermögensrechtlichen Bestimmungen, welche dem Übergang seines Kapitalanteils auf den von ihm ernannten Nachfolger betreffen, letztwillig erst treffen muß. (Vgl. meine mehrfach erwähnten Ausführungen Wirtschaftsblatt usw. 1939 S. 581/2.) Dann gehört ihre Ausführung zu den Obliegenheiten des Testamentsvollstreckers.

102. Liegt nicht ein Fall wie der letztere vor, sondern wird die Gesellschaft mit dem Erben fortgesetzt, so gehört der Anspruch auf das Auseinandersetzungsguthaben zum Nachlaß und zum Herrschaftsbereich des Testamentsvollstreckers, wenn während der Dauer der

Testamentsvollstreckung die Gesellschaft aufgelöst wird oder der Erbe als Gesellschafter ausscheidet. Insbesondere gilt dies also auch im Falle des § 139 HGB., wenn die überlebenden Gesellschafter auf das Verlangen des Erben hin es ablehnen, die Beteiligung des Verstorbenen in eine Kommanditbeteiligung umzuwandeln, und wenn dieser daraufhin ausscheidet.

Hier wirft sich die Frage auf, ob das Auseinandersetzungsguthaben der Verwaltung des Testamentsvollstreckers nur in der Höhe unterliegt, in welcher es zur Zeit des Todes des Erblassers bestand, oder in voller Höhe, auch wenn es später durch Wertsteigerung, stehengebliebenen Gewinn usw. gewachsen ist. Diese Frage berührt sich eng mit der Frage, ob auch der Gewinnanteil der Zuständigkeit des Testamentsvollstreckers untersteht. Nach der Rechtsprechung des Reichsgerichts gilt der Surrogationsgrundsatz des § 2041 BGB. für die Testamentsvollstreckung. Daraus würde sich uneingeschränkt ergeben, daß dieser Vermögenszuwachs ebenso wie der auf die Beteiligung entfallende Gewinn zur Zuständigkeit des Testamentsvollstreckers gehört. Denn es ist nicht denkbar, daß er nicht auf Grund eines zum Nachlaß gehörenden Rechtes oder nicht durch ein Rechtsgeschäft erworben wird, das sich auf den Nachlaß bezieht. Das Gefühl widerstrebt diesem Ergebnis, weil ja diese Rechtsgeschäfte unter der persönlichen Haftung des Erben-Gesellschafters abgeschlossen werden und der Gewinn unter seiner Mitarbeit erzielt wird. Dem stehen aber folgende Erwägungen gegenüber: Es kann sein, daß die Testamentsvollstreckung ausschließlich im Interesse des Erben selbst oder mehrerer gleichberechtigter Miterben, die alle Gesellschafter geworden sind, angeordnet ist. Dann ist der Surrogationsgrundsatz kein Nachteil für den Erben, denn das Ganze wird ja sein, wenn er auch durch die Verwaltung des Testamentsvollstreckers vorläufig beschwert ist. Ein solcher Fall kann insbesondere vorliegen, wenn der Erbe ein Kind und eine Testamentsvollstreckung angeordnet ist; dann hat der gesetzliche Vertreter die Mitgliedsrechte auszuüben, der Testamentsvollstrecker die vermögensrechtlichen Ansprüche zu betreuen. Oder es kann sein, daß eine Testamentsvollstreckung angeordnet ist im Hinblick auf das einem Dritten zugewandte Nutzungsrecht oder eine Nacherbfolge. Dann ändert sich an dem Maß, in welchem dieser Vermögenszuwachs oder der Reingewinn dem einen oder dem anderen gebührt, durch die Testamentsvollstreckung als solche auch nichts. Es bemißt sich nach dem Rechtsverhältnis zwischen dem Erben und dem Nutzungsberechtigten bzw. dem Nacherben, welches schon dargestellt wurde, worauf verwiesen werden kann. Der Testamentsvollstrecker hat demnach nach Maßgabe dieser Rechtsregeln den Vermögenszuwachs und Gewinn entweder für den einen oder den anderen zu verwalten. Durch seine Verwaltung ist der Berechtigte zwar beschwert, aber nicht geschmälert.

Daß nach dem Surrogationsprinzip das volle Auseinandersetzungsguthaben, auch soweit es nach dem Tode des Erblassers sich vergrößert hat und der volle Reingewinn der Verwaltung des Testamentsvollstreckers unterliegen, bedeutet danach nicht eine Vermögensminderung für den Gesellschafter-Erben.

Ist dieser durch die Testamentsvollstreckung als solche an der ihn vertragsmäßig oder gesetzlich (§ 122 HGB.) zustehenden Entnahme behindert? Die Frage ist zu bejahen. Wenn der Testamentsvollstrecker nicht zustimmt, so ist dem Gesellschafter-Erben kein Recht gegeben, Entnahmen zu machen. Vielmehr ist das Entnahmerecht, vorbehaltlich der Ansprüche eines Nutzungsberechtigten, vom Testamentsvollstrekker für den Nachlaß auszuüben.

103. Es bleibt noch der Fall zu erwähnen, daß die Beteiligung des Erblassers eine Kommanditbeteiligung war (vgl. KG. in RJA. 12 S. 229) oder zur Kommanditbeteiligung wird, weil der Erbe von dem Recht Gebrauch gemacht hat, ihre Umwandlung in eine solche zu verlangen. Der Fall bietet keine Besonderheit und demnach keine Veranlassung zu weiteren Ausführungen. Die vertragsmäßigen oder bescheidenen gesetzlichen Befugnisse übt auch hier der Erbe aus, soweit sie auf die Geschäftsführung Bezug haben (§ 164 HGB.). Der Kapitalanteil, desgleichen der eventuelle Anspruch auf das Auseinandersetzungsguthaben und der Gewinnanteil unterliegt auch hier der Verwaltung durch den Testamentsvollstrecker. Das Recht der Buchkontrolle (§ 166) und das außerordentliche Informationsrecht (§ 166 Abs. 2) wird sowohl dem Testamentsvollstrecker als auch dem Erben zuzugestehen sein, ersterem soweit das Recht erforderlich ist, damit er sich über die Höhe der seiner Verwaltung unterliegenden vermögensrechtlichen Ansprüche unterrichte, letzterem, soweit es dazu dient, ihm die Unterlagen für seine Entscheidung zu geben in denjenigen Fällen, in welchem das Gesetz seine Zustimmung zu Maßnahmen der Geschäftsführung fordert.

104. Wenn die vertragsmäßig bedungene Einlage des Erblassers aussteht, kann der Testamentsvollstrecker sie aus dem von ihm verwalteten Nachlaß leisten; Verwicklungen kann es in diesem Falle nicht geben. Aber die Erben, welche Gesellschafter werden, auch wenn sie nur Kommanditisten werden, haften für die Vollzahlung auch persönlich, nicht nur mit dem Nachlaß.

Tritt der Fall ein, daß der Erbe die ausstehende Einlage aus seinem eigenen Vermögen bewirkt, freiwillig oder gezwungen, so tritt die Frage auf, ob trotzdem der ganze Kapitalanteil und der ganze aus ihm entspringende Auseinandersetzungsanspruch vom Testamentsvollstrekker zu verwalten und geltend zu machen ist. Dieselbe Frage ist bezüglich des Anspruchs auf den Gewinnanteil zu stellen, der beim offenen Handelsgesellschafter dem Kapitalanteil gutzuschreiben, beim Kommanditisten auszuschutten ist, und auf das Recht zur Entnahme gemaß § 122 HGB., welche zu Lasten des Kapitalanteils ausgeübt wird, und sich nach seiner Höhe bemißt. Es gibt keine erbrechtliche Bestimmung, mit welcher sich begrunden ließe, daß das Recht des Testamentsvollstreckers den ganzen Kapitalanteil, das ganze Auseinandersetzungsguthaben, den ganzen Gewinnanteil und das ganze Entnahmerecht in einem solchen Falle ergreift. Der Grundsatz der Surrogation reicht dazu, so wie er in § 2041 BGB. umschrieben ist, nicht aus. Man muß also hier eine Mitberechtigung annehmen. Regelmäßig sind die gesetzlichen Vorschriften uber die Gewinnverteilung, soweit es sich um den 4% des Kapitalanteils ubersteigenden Reingewinn handelt, durch den Gesellschaftsvertrag geändert. Hinsichtlich dieses Teiles des Gewinnes muß daher dem Gesellschaftsvertrag durch Auslegung entnommen werden, wieviel von dem Gewinnanteil auf den Erben, wieviel auf den Testamentsvollstrecker entfällt. Die Dividende von 4% und die gesetzliche Entnahme in Hohe von 4% des zuletzt festgesetzten Kapitalanteils bemessen sich nach der Ziffer des aktiven Kapitalkontos. In dieser Beziehung durfte also die Teilung zwischen Erbe und Testamentsvollstrecker durch das Verhaltnis bestimmt werden, welches zwischen der von den Erben geleisteten Einlage zum ganzen Kapitalkonto besteht.

Wo nach Köpfen geteilt wird, spielt die Einzahlung durch den Erben keine Rolle und untersteht der Kopfanteil dem Recht des Testamentsvollstreckers. Bei der Auseinandersetzung kann der Fall eintreten, daß mehr Gesellschaftsvermögen vorhanden ist, als die Summe der Kapitalanteile. Hier ergibt sich die Frage, ob der Erbe nur seine Zahlung zurückzuerhalten hat oder auch einen entsprechenden Anteil am Überschuß. Man hat m. E. das letztere anzunehmen. Meist wird, wenn der Erbe personlich die Einlage aufbringen muß, die hier erwahnte Frage keine Rolle zu spielen.

VI. Steuerrechtliches.

105. Überaus zahlreich sind die steuerrechtlichen Fragen, die sich beim Nießbrauch, der Nutznießung und der Vorerbschaft ergeben. Mit einer Anzahl davon hat sich Becker in einem eingehenden Aufsatz in StuW. 1938 Sp. 293 befaßt. Er vergleicht ihre Schwierigkeit mit jener der Quadratur des Zirkels. Soweit sie behandelt sind, beschränke ich

mich, auf jene Ausführungen einer besonders berufenen Feder hiermit zu verweisen.

Becker befaßt sich mit dem Problem, wem das Kompensationsrecht zusteht, d. h. das Recht, Verluste oder sonstige negative Erträgnisse, gegen seine sonstigen Einnahmen zu verrechnen. Nach meinen Ausfuhrungen unter I—IV mit Becker in Übereinstimmung, führe ich als freilich nicht ganz sichere Ergebnisse seiner Erorterung dieser Fragen daraus folgendes an:

a) Beim Nießbrauch ist es der Nießbraucher, der einen Geschäftsverlust mit seinen sonstigen Einnahmen verrechnen kann. Das ergibt sich auch aus I 25 dieser Abhandlung, weil danach ein Betriebsverlust vom Nießbraucher zu tragen ist. Handelt es sich um den Nießbrauch an einer Beteiligung, so kann dies freilich nicht gelten; denn hier ist es der Gesellschafter, welcher den Verlust erleidet (IV 63 n).

b) Bei der gesetzlichen Nutznießung ist die Ehefrau, wenn ihr ein Erwerbsgeschäft gehort, das in ihrem Namen betrieben wird (Nr. 36, 37), bzw. das Kind Träger des Verlustes, nicht der Nutznießer, dem vielmehr nur der Betriebsgewinn „gebührt" (Nr. 41); demnach sind Frau bzw. Kind kompensationsberechtigt.

c) Beim Vorerben ist es der Vorerbe, obwohl letzten Endes der Nacherbe den Verlust trägt (Nr. 49 b), weil steuerrechtlich der Vorerbe dem Eigentümer gleichgestellt wird. Nießbraucher und Vorerbe werden also steuerrechtlich gleich behandelt, obwohl der Ausgangspunkt verschieden ist. Jedoch ist, auch wenn zur Vorerbschaft nur eine Beteiligung gehört — anders als beim Nießbrauch —, der Vorerbe steuerrechtlich Träger des Verlustes und kompensationsberechtigt.

Eigentumer oder Nacherben werden in vielen Fällen die Kinder des Nießbrauchers bzw. des Vorerben sein. Auch in den Fällen des Nießbrauchs und der Vorerbschaft wird daher vielfach wie bei b eine Zusammenveranlagung stattfinden. Dadurch verliert diese Frage an Schwierigkeit.

106. Fast noch schwieriger sind die Fragen, welche sich für das Verhältnis zwischen Nießbraucher oder Vorerben einer-, Eigentümer und Nacherben andererseits daraus ergeben, daß der gesamte Reingewinn der Einkommensteuer unterworfen wird, während durchaus nicht der gesamte Reingewinn ausgeschüttet wird.

a) Handelt es sich um den Nießbrauch an einem Einzelhandelsgeschäft, so stellt sich der Reingewinn im allgemeinen als eine unmittelbare Vermehrung des Vermogens des Nießbrauchers dar. Insoweit ist es selbstverstandlich, daß der Nießbraucher die darauf gelegte Einkommensteuer zu bezahlen hat. Immerhin haben wir gesehen (Nr. 24), daß sich auch Reingewinn ergeben kann, der nicht Betriebsgewinn ist, und nicht dem Nießbraucher zukommt, sondern aus aufgelösten stillen, auf dem Anlagevermögen liegenden Reserven oder aus Wertsteigerungen des Anlagevermögens stammt oder aus stillen Reserven, die schon bei Nießbrauchbeginn auf dem Umlaufvermögen lagen (vgl. Nr. 7). Wir haben auch gesehen (Nr. 30ff.), daß der Nießbraucher zufolge des Nießbrauchvertrages oder der letztwilligen Verfügung, durch die der Nießbrauch vermacht ist, gehalten sein kann, Teile des Reingewinnes zu Geschäftsverbesserungen oder Geschäftsvergrößerungen durch Neuinvestitionen oder zu stillen Rücklagen zu verwenden, die dem Eigentümer zugute kommen. Es ist selbstverständlich, daß nach außen der Nießbraucher als Träger des Unternehmens (s. Becker a.a.O.) verpflichtet ist, auch diese Teile des Reingewinnes zu versteuern. Er ist ja auch allein dazu in der Lage, denn der Eigentümer, dem aus dem Unternehmen keine Einkünfte zufließen, würde die Steuer nicht bezahlen können.

Theoretisch ist es in diesem Falle nicht einmal schwer, den Ausgleich zwischen den beiden Beteiligten durchzuführen; denn der Nießbraucher kann die gesamte Steuer dem Geschäft entnehmen; um den Steuerbetrag, der auf jenen Teil des Reingewinnes entfällt, der entweder nach seiner Herkunft dem Eigentümer zukommt oder dem der Nießbraucher aus den angegebenen Gründen dem Geschäfte belassen muß, mindert sich dann eben dieser letztere Teil. Gegen diese theoretisch richtige und einfache Lösung erheben sich aber eine Reihe praktischer Einwendungen.

Zunächst ist diese Lösung nicht vollkommen; denn es könnte sein, daß die Steuerstufe für den Eigentümer eine andere als für den Nießbraucher ist, wenn man letzterem den gesamten Reingewinn zurechnet. Insbesondere wird dem Eigentümer durch diese Lösung auch die Möglichkeit genommen, Verluste, die er hat, gegen dieses im Geschäft verbleibende, ihm zwar zugute kommende, aber nicht zufließende Einkommen zu verrechnen. Andererseits wird der Nießbraucher derartige Verluste verrechnen dürfen, was dann auch mittelbar dem Eigentümer zustatten kommt, weil die Minderung des ihm gebührenden oder in Gestalt von Investitionen zu belassenden Gewinnes durch die Steuer wegfällt. Über diese Unvollkommenheit der Lösung wird man sich hinwegsetzen müssen.

Gewichtiger ist, daß der Nießbraucher durchaus nicht immer in der Lage sein wird, den auf den Eigentümer entfallenden Teil der Steuer dem diesem verbleibenden Reingewinn zu entnehmen. Dies ist nämlich dann nicht der Fall, wenn es sich nicht um flüssig gemachte stille Reserven des Anlage- oder bei Nießbrauchbeginn vorhandenen Umlaufvermögens oder flüssig gemachte Wertsteigerungen des ersteren handelt, sondern darum, daß der Nießbraucher Neuinvestitionen vornehmen mußte. Wenn er wegen dieser vom Eigentümer Ersatz verlangen kann, tritt die hier erörterte Frage nicht auf; denn sie schmälert dann seinen Gewinn nicht, der also in voller Höhe von ihm zu versteuern ist. Wenn aber nach den Darlegungen zu I 28, 30, 31 der Fall so liegt, daß der Nießbraucher zu diesen Investitionen gegenüber dem Eigentümer verpflichtet ist, ohne von ihm Ersatz verlangen zu können, so wird sich dies praktisch im allgemeinen in erhöhten Abschreibungen des Nießbrauchers auf diese Investitionen ausdrücken. Das Finanzamt wird diese erhöhten Abschreibungen nicht anerkennen und der Nießbraucher wird eine entsprechend hohe Steuer zu entrichten haben, ohne daß er diesem Mehrbetrag den Investitionen, die dem Eigentümer verbleiben, entnehmen könnte. Kann er in einem solchen Fall verhältnismäßige Erstattung der Mehrsteuer von dem Eigentümer verlangen und wann? Praktisch wird der Eigentümer, wenn er andere Mittel nicht hat, weder während der Dauer des Nießbrauches, noch nach dessen Ende dazu in der Lage sein; denn die Einkünfte, von denen auch diese Investitionen samt der von ihnen zu entrichtenden Steuern zu bestreiten waren, hat ja alle der Nießbraucher bezogen. Aber wie ist es rechtlich? Ist er zu dieser Steuererstattung verpflichtet? Ich möchte die Frage verneinen. Einen zivilrechtlichen Rechtsgrund für einen solchen Ausgleichsanspruch sehe ich nicht. Die zivilrechtliche Verteilung der Erträgnisse bedingt, wenn trotzdem steuerrechtlich nur einer der Beteiligten mit der Steuer wegen des gesamten Ertrages belastet wird, an sich keinen zivilrechtlichen Ausgleichsanspruch. Auch steuerrechtlich ist ein solcher nicht vorgesehen. Was die Billigkeit betrifft — sofern überhaupt diese ohne weiteres als Rechtsnorm angesehen werden kann —, so spricht diese wohl dann für einen solchen Ausgleichsanspruch, wenn es sich darum handelt, daß Reingewinn unmittelbar für den Eigentümer entstanden ist (wie in dem Falle der Liquidierung stiller Rücklagen des Anlage- oder bei Nießbrauchbeginn vorhandenen Umlaufvermögens oder Wertsteigerungen des ersteren), aber nicht, wenn der Nießbraucher aus den Erträgnissen Aufwendungen zur Vergrößerung und Stärkung des Geschäftes machen muß. Im ersteren Falle ist nicht einmal sicher, daß der Nießbraucher auch nur nach außen als Träger dieses Teiles des Gewinnes erscheint, und daß es nicht möglich ist, dessen Veranlagung beim Eigentümer herbeizuführen, dem dann der Nießbraucher die zur Bezahlung der Steuer erforderlichen Mittel aus den für den Eigentümer realisierten Vermögenswerten zur Verfügung zu stellen hätte; im zweiten Falle aber war es der Nießbraucher, der den Gewinn gemacht hat.

Der Nießbraucher wird gegenüber dem Finanzamt die erhöhten Abschreibungen damit zu begründen versuchen, daß er zur Neuinvestition verpflichtet war, daß aber andererseits die Dauer seines Nießbrauchs so ungewiß ist wie sein eigenes Leben. Da aber Reingewinn nun einmal vorliegt, den die Veranlagungsbehörde beim Eigentümer nicht veranlagen kann — denn für diesen ist die Investition nicht Einkommen aus Gewerbebetrieb —, wird sie ihn möglichst in voller Höhe beim Nießbraucher zu erfassen suchen.

Auch diese Sachlage wird den Nießbraucher zum Schaden des Unternehmens immer zur Zurückhaltung mit Neuinvestitionen bestimmen, wozu er, wenn er vom Eigentümer Ersatz ihrer Kosten nicht verlangen kann, schon durch die Ungewißheit veranlaßt ist, ob er lange genug leben wird, um Vorteil von seinen Aufwendungen zu haben.

107. b) Handelt es sich nicht um einen Nießbrauch, sondern um das Vermächtnis des Reingewinns (25 g) oder den ähnlich liegenden Fall gesetzlicher, insbesondere elterlicher Nutznießung (bei dieser wieder von der Gesamtveranlagung abgesehen), so wird man den Reingewinnbezugsberechtigten nicht als Träger des Unternehmens ansehen können (bezüglich des Kindes ebenso Becker a.a.O.), sondern nur den Inhaber. Dieser kann von der von ihm zu entrichtenden Gesamteinkommensteuer den auf das Einkommen aus Gewerbebetrieb entfallenden Teil in voller Höhe dem Gewinnberechtigten in Rechnung stellen, auch soweit der zur Steuer veranlagte Gewinn zur Stärkung des Geschäftes verwandt worden ist. Ob der Inhaber zu dieser Verwendung des Gewinnes zivilrechtlich befugt war, ist damit natürlich nicht entschieden. Auch hier kommt dem Gewinnberechtigten eine dem Inhaber etwa mögliche Verlustverrechnung zustatten, während Verluste unberücksichtigt bleiben, welche er selbst aus anderen Einkommensquellen erleidet.

108. c) Für das Verhältnis des nichtbefreiten Vorerben zum Nacherben maßgebend ist einerseits sein Nutzungsrecht, andererseits seine Verpflichtung, die Erbschaft dem Nacherben in dem fortgesetzt ordnungsmäßiger Verwaltung entsprechenden Zustand herauszugeben. Nach außen ist er Eigentümer und Träger des Unternehmens. Er hat also die vollen Gewinne zu versteuern, auch soweit er sie zu Neuinvestitionen verwandt hat, die einmal dem Nacherben zugute kommen werden. Entsprechen diese nur ordnungsmäßiger Verwaltung, so ist klar, daß er von dem Nacherben keine Erstattung verlangen kann, weder wegen der Investitionen noch wegen der von den investierten Gewinnbeträgen entrichteten Steuern; denn er hat gegenüber dem Nacherben nicht mehr als seine Verpflichtung erfüllt; daß er trotzdem steuerrechtlich mit einer Einkommensteuer von Gewinnbeträgen belastet wird, welche dem Nacherben zugute kommen, begründet zivilrechtlich keinen Ausgleichsanspruch gegenüber dem letzteren.

Ist aber der Vorerbe über das durch ordnungsmäßige Verwaltung geforderte Maß freiwillig hinausgegangen, sei es, weil er selbst auf ein langes Leben hoffte, sei es, weil die Nacherben seine eigenen Kinder sind, so ergibt sich auch daraus zivilrechtlich gegen den Nacherben weder ein Erstattungsanspruch wegen der Kosten der Investition noch ein Ausgleichsanspruch wegen der Steuer. Letztere hat er ohnedies erst recht in voller Höhe dann zu Recht getragen, wenn er wegen der ersteren einen Erstattungsanspruch hatte. Die Beträge, die zu derartigen Investitionen vom Vorerben aufgewandt wurden, sind Reingewinn, der ihm als Nutzung gebührt hätte. Ob und inwieweit er dies bei Eintritt der Nacherbfolge noch nachträglich geltend machen kann, ist oben unter III 49c, 50, 53 untersucht worden. Wenn er es nicht mehr geltend machen kann, fehlt es trotzdem an einem zivilrechtlichen Grund, aus dem er nun Ausgleichung der Steuer vom Nacherben fordern könnte. Der Fall liegt hier ebenso wie beim Nießbrauch.

109. d) Besonders groß sind die Schwierigkeiten beim Nießbrauch und der Vorerbschaft an einer Beteiligung.

Unter IV 65 hat sich ergeben, daß der Nießbrauch an einer Beteiligung dem Nießbraucher nur den Anspruch auf den auszuschüttenden Gewinnanteil gibt. Es liegt also im Hinblick darauf ein dem Falle des Reingewinnvermächtnisses sehr naheliegender Fall vor. Übersteigt der erzielte Gewinn den ausgeschütteten, so bleibt der Mehrbetrag in der Gesellschaft; weder der Nießbraucher noch der Gesellschafter erhalten also den vollen Gewinn, von dem sie die Steuer bezahlen sollen. Demnach kann sich sogar ereignen, daß mehr an Steuer zu bezahlen ist, als Gewinn ausgeschüttet wird. Sieht man von diesem äußersten Fall ab, so kann es wohl sein, daß die Gewinnausschüttung die vom anteiligen Gesamtgewinn zu entrichtende Steuer übersteigt, daß aber doch für den Nießbraucher nichts oder nur wenig übrig bleibt, wenn er davon die Steuer für den gesamten anteiligen Gewinn entrichten muß; immer muß ihm weniger übrig bleiben, als wenn er nur die Steuer zu bezahlen hätte, die auf die Ausschüttung entfällt. Da er in der Tat den Rest des Gewinnes nicht erhält, dieser vielmehr dem Kapitalanteil des Gesellschafters zuwächst, trifft ihn auch die Last dieses Gewinnes nicht. Der Fall liegt hier gleich dem oben beim Nießbrauch an einem Einzelhandelsgeschäft behandelten, daß ein Teil des Bilanzgewinnes unmittelbar dem Eigentümer zukommt. Während aber dort der Nießbraucher Träger des Unternehmens ist, ist er es hier nicht. Träger ist vielmehr rechtlich die Gesellschaft, steuerrechtlich sind es die Gesellschafter. Logisch richtig erscheint es daher, daß in einem solchen Fall der Gesellschafter wegen des Geschäftsgewinnes, vermindert um die dem Nießbraucher zufließende Ausschüttung zu veranlagen ist, während der Nießbraucher die letztere versteuert. Aber woher soll der Gesellschafter die Mittel für die von ihm zu entrichtende Steuer nehmen, wenn er kein anderes ausreichendes Einkommen hat? Wird ihm zuliebe mehr Gewinn ausgeschüttet, wird der angestrebte Erfolg nicht erreicht; denn diese Mehrausschüttung erhält ja der Nießbraucher kraft seines Nießbrauchs. Man kann aber auch dem Nießbraucher nicht zumuten, aus der Ausschüttung die Steuer für den gesamten anteiligen Gewinn zu tragen, oder auch nur für den Gesellschafter, soweit sie auf den nicht ausgeschütteten anteiligen Gewinn entfällt, bis zur Beendigung des Nießbrauchs vorzulegen. Denn erstens fehlt es an einem Rechtsgrund für eine solche Vorlagepflicht, außerdem ist ja der Gesellschafter auch bei Nießbrauchende nicht in der Lage, diese Vorlage des Nießbrauchers zu erstatten. Formell kann man diese Schwierigkeit meistern, wenn man den Fall dem eines Reingewinnvermächtnisses gleichbehandelt, indem man sagt, der dem Nießbraucher zukommende Reingewinn vermindere sich um alle darauf den Gewinnanteil entfallenden Steuern, und der Gesellschaft das Recht gibt, diese zu entrichten und dem Nießbraucher nur auszuzahlen, was sie über diese Steuerzahlung hinaus im Rahmen des Gesellschaftsvertrags auf den Anteil ausschütten will. Eine Möglichkeit der Verlustrechnung des Mitgesellschafters kommt mittelbar dem Nießbraucher zugute. Materiell heißt dies aber nichts anderes als dem Nießbraucher die gesamte Steuerlast aufbürden. Ich muß einräumen, daß ich eine das Rechtsgefühl befriedigende oder mit dem geschriebenen Recht in Einklang stehende und gleichzeitig praktisch durchführbare Lösung dieses Problems nicht finden kann.

Bei der Vorerbschaft an einer Beteiligung liegt die Sache nur insoweit anders, als der Vorerbe steuerlich in jedem Falle als Volleigentümer behandelt wird. Es ist also der gesamte Gewinn des Unternehmens, soweit er auf den Kapitalanteil entfällt, beim Vorerben zu veranlagen und von ihm zu versteuern. Die Frage, wie der Nacherbe auf ihn entfallende Steuern entrichten soll, taucht also hier nicht auf. Andererseits kann auch hier der Vorerbe gezwungen sein, nicht ausgeschütteten Gewinn zu versteuern, der bleibend die Erbschaft als solche vermehren und dem Nacherben zugute kommen wird. An einem zivilrechtlich begründeten Ausgleichsanspruch fehlt es. Die Vermehrung der Erbschaft gewährt dem Vorerben einen solchen nicht, auch nicht, soweit sie aus Nutzungen herrührt, die er nicht bezogen hat. Außerdem würde, so wenig wie im Falle des Nießbrauchs, der belastete Gesellschafter, hier der Nacherbe, ohne weiteres in der Lage sein, den Ausgleichsanspruch zu erfüllen. Wenn zur Erbschaft außer der Geschäftsbeteiligung Mittel gehören, kann der Vorerbe natürlich diese zur Steuerzahlung heranziehen.